자신 있고 당당하게 마음을 움직이자

발표력 키우기

저자 | 운노 미호

독자 여러분에게

이 책을 선택하고, 읽어 줘서 고마워요.

학교에선 당번이나, 담당 업무, 수업에서의 그룹 학습, 발표회 등 많은 사람 앞에서 이야기할 기회가 의외로 많아요. 이 책에서는 그러한 기회를 합쳐서 '발표'라고 부를 거예요.

사람들 앞에서 발표하는 건 굉장히 용기가 필요한 일이지요. 긴장해서 목소리가 작아지거나, 손발이 떨리고 잘못 읽기도 하고, 말하는 걸 잊어버리기도 합니다. 갑자기 누군가 재채기를 하거나, 물건을 떨어뜨리는 등 여러 트러블과 해프닝이 일어나기도 하고요. 그러면 말하는 흐름이 끊겨서 말을 잘할 수 없게 되고 긴장도 바로 풀리지 않아요.

이 책에서는 학교생활에서 자주 있는 발표 기회에 맞춘 효과적인 활동을 소개합니다. 활동이라고 부르긴 하지만, 어느 것도 친구나 가족 등과 재미있게 놀면서 할 수 있는 것만 모았어요. '꼭 해야 해!'라고 생각해서, 무서운 얼굴을 하고 연습하는 것보다, 즐기면서 연습하는 게 빠르게 잘할 수 있는 방법이니까요. 잘했을 때를 떠올리며 활동을 해 주었으면 좋겠어요.

중요한 것은 여러분의 발표가 모두의 '마음을 움직였는지'입니다. 여러분도 다른 친구의 발표를 듣고 '인상적이었다', '대단했다' 등 느끼는 것이 있을 거예요. 이 마음이 바로 '마음이 움직였다'는 상태입니다. 발표에는 완벽이나 정답은 없지만, 그것을 듣고 '마음이 움직였다'고 느끼는 사람을 한 명이라도 늘리는 것을 목표로 해 보아요.

물론, 전원의 마음을 움직이게 하는 건 굉장히 어려운 일이에요. 왜냐하면 사람이 느끼는 것은 제각각 모두 다르기 때문이니까요. 그래도 '이렇게 하면 좀 더 잘 전달될까?', '다음엔 이렇게 해 보자'라고 생각하며 연구하고 꾸준히 도전해 봅시다.

발표가 어렵거나 싫어도 괜찮아요. 연습하면 할수록 더 잘할 수 있을 거예요. 잘할 수 있게 되면 자신감이 붙습니다. 자신감이 붙으면 '어렵다', '싫어'라고 생각하던 것이, '즐거워', '좋아해', '도전해 보고 싶어'로 마음이 점점 긍정적으로 바뀔 거예요. 아직 잘하지 못하더라도 긍정적인 마음으로 연습해 보아요.

차례

독자 여러분에게 ·················· 3

CHAPTER 1 기초 편 발표에 익숙해지자

마음도 몸도 편안하게 발표하고 싶어!

1 오늘은 작문 발표회. 아침부터 우울해 ·················· 8
2 앞에 두 명만 끝나면 내 차례! 너무 불안해 ·················· 10
3 심장이 두근두근 ·················· 12
4 너무 긴장해서 숨을 못 쉬겠어! ·················· 14
5 식은땀이 나온다! 어쩌지! ·················· 16
6 손이 식어서 떨려……. 원고를 제대로 들 수 있을까 ·················· 18
7 드디어 실전! 다리가 덜덜 ·················· 20
8 모두가 보고 있어! 머리가 새하얘져 버릴 것 같아 ·················· 22

모두에게 들리는 목소리로, 시원시원하게 발표하고 싶어!

9 "목소리가 작아서 안 들려"라는 말을 들었다 ·················· 24
10 문장 끝까지 말하기 전에 숨이 달린다 ·················· 26
11 긴장해서 목소리가 떨린다 ·················· 28
12 알아듣기 쉬운 목소리로, 시원시원하게 읽고 싶어! ·················· 30

쑥스러워하지 않고 자연스러운 미소와 몸짓, 손짓으로 발표하고 싶어!

13 어떡해! 이번 학예회, 대사가 있어…… ·················· 32
14 발표할 때 얼굴이 우울해 보여 ·················· 34
15 발표할 때 실실거려서 혼났다! ·················· 36
16 발표할 때 무심코 몸이 꼼지락꼼지락 움직인다 ·················· 38
17 말하기도 벅차! 몸짓과 손짓을 어떻게 해야 할지 모르겠어 ·················· 40
18 동작이 어색하다는 말을 들었다 ·················· 42

틀리지 않고 술술 발표하고 싶어!

- 19 연습했는데! 몇 번을 해도 말을 버벅거린다 …………………………… 44
- 20 어디를 읽고 있었는지 잊어버렸어 ………………………………………… 46
- 21 연습과 다르게 움직이면 말을 버벅댄다 ………………………………… 48
- 22 하고 싶은 말을 제대로 말로 표현할 수 없다 ………………………… 50
- 23 교실이 바뀌면 말을 잘할 수 없게 된다 ………………………………… 52
- 24 말을 버벅거린 후 다음을 말할 수 없게 된다 ………………………… 54
- ● 칼럼 ● 복식 호흡으로 또렷한 목소리를 내 보자 …………………… 56

CHAPTER 2 실천 편 해프닝이 있어도 침착하게 극복하자

예상외의 해프닝, 어떻게 하면 좋을까?

- 25 수업 참관일. 갑자기 문이 열려서 발표 내용을 까먹었다! ………… 58
- 26 발표 중에 갑작스러운 질문을 받았다! …………………………………… 60
- 27 깜빡하고 말하지 않은 것을 깨달았다! …………………………………… 62
- 28 원고가 한 장 모자라! 어떻게든 시간을 벌어야 해 …………………… 64

무슨 일에도 동요하지 않는 내가 되고 싶어

- 29 발표 순서 뽑기에서 1번에 당첨되었다! ………………………………… 66
- 30 당황하면 안 된다고 생각했더니 패닉 상태에 빠졌다! ……………… 68
- 31 원고를 제대로 넘기지 못해서 당황해 버렸다! ………………………… 70
- 32 발표 중에 친구와 눈이 마주치면 갑자기 부끄러워진다 …………… 72
- 33 쿵! 필통이 바닥에 떨어지는 소리에 깜짝 놀라서 내용을 잊어버렸다! … 74

발표 중 불안을 극복하고 싶어

- 34 맙소사! 같이 하기로 한 짝이 결석……. 혼자서 발표라니 못해 … 76
- 35 모두의 시선을 한몸에 받아서 몸이 굳었다 …………………………… 78
- 36 교실의 어디를 보고 말해야 할지 모르겠어 …………………………… 80
- 37 모두의 반응이 시원찮아. 내 얘기, 재미없어? ………………………… 82
- ● 칼럼 ● 발음 단련하기 대작전! ……………………………………………… 84

CHAPTER 3 응용 편 모두의 반응을 끌어내어 발표 분위기를 띄우자

모두의 반응을 끌어내자

38 '틈'을 만들면, 청자는 끄덕이기 쉽다! ……………………………………… 86
39 반응을 해 주면 3배로 갚자 ……………………………………………… 88
40 활기찬 기운을 유지하여 끝까지 분위기를 띄워 보자! ………………… 90
41 '유도하기'를 통해 모두에게 참가 의식을 갖도록 하자 ………………… 92
42 퀴즈로 조금 더 의견을 나누기 쉽게 만들어 보자 ……………………… 94

모두를 즐겁게 하자

43 대화를 넣어 드라마틱하게 설명해 보자! ………………………………… 96
44 인사 방법을 연구하여 반응을 끌어내 보자 ……………………………… 98
45 조원을 교실에 배치하여 분위기를 띄우자! …………………………… 100
46 선생님의 흉내를 내서 교실을 걸어 보자! ……………………………… 102
47 모두가 알고 있는 화제를 발표에 담아 보자 …………………………… 104

최고의 청자가 되자

48 미소를 3초 유지하며 발표자를 응원하자 ……………………………… 106
49 30도로 끄덕이며 공감을 드러내자 ……………………………………… 108
50 몸을 앞으로 기울여 앉자 ………………………………………………… 110
51 다 같이 말을 걸자 ………………………………………………………… 112
52 "예스! 앤드"로 물어보자! ………………………………………………… 114
● 칼럼 ● 풍부한 표정으로 매력적인 발표를 하자 ……………………… 116

후기 ……………………………………………………………………… 117

CHAPTER 1

기초 편

마음도 몸도 편안하게
발표하고 싶어!

1 오늘은 작문 발표회.
아침부터 우울해

하늘은 맑은데 아침부터 내 기분은 최악. 우울하고 나오는 건 한숨뿐······. 왜냐면 오늘은 작문 발표회가 있는걸.
이런 기분이 드는 건 나쁜?

작문 발표회가 머릿속에 떠올라 너무 우울하다, 불안하다 등 이러한 기분에 마음이 가라앉았군요. 마음만이라도 밝게 해 보려고 해도 잘 안 될 거예요. 그럴 때는, 몸을 움직여 불안한 마음을 풀어 줄 수 있어요. 체육이나 음악, 미술 시간에 불안이 줄어든 경험이 있지 않나요? 몸을 움직이거나 눈앞의 작업에 집중하면 마음이 분산되기 때문이에요.

활동 기분을 평온하게 하는 방법

여러분은 어디를 향해 한숨을 쉬고 있나요? 대체로 아래를 보지 않나요? 이번엔 과감히 하늘을 향해 한숨을 내뱉어 보세요! 그리고 숨을 내쉬는 데 집중해 보세요. 연속으로 하다 보면 점점 기분이 평온해질 거예요.

- 몇 초 동안 내뱉을 수 있는지 세어 보자.
- 이상적인 것은 10초! 10초를 있는 힘껏 내뱉어 보자.
- 가능한 한 천천히 숨을 내뱉는 것에 집중!
- 가슴을 펴고 시선은 하늘
- 손바닥은 위쪽을 향해서
- 발은 어깨너비로 벌리고

후우~

원 포인트
1분간 사람의 호흡수는 의식하지 않으면 평균 15~20회 정도지만, 숨을 천천히 내뱉으며 의식하면서 호흡하면 6~8회 정도로 줄이는 게 가능합니다. 호흡을 깊게 할 수 있게 되면, 집중력이 높아지고 깊은 호흡을 지속시킬 수 있습니다.

마음도 몸도 편안하게
발표하고 싶어!

2 앞에 두 명만 끝나면 내 차례! 너무 불안해

앞으로 2명만 읽으면 내 차례가 온다……! 예지는 정말 잘 읽었는데. 소라도, 현수도……. 아아, 슬슬 내 차례야. 다른 애들처럼 잘 읽을 자신이 없다. 아아, 어떡하면 돼?

순서를 기다리는 순간은 정말로 긴장이 되지요. '다른 애들과 비교할 필요 없어', '내가 최선을 다하는 게 무엇보다도 중요해'라고 생각해도, 친구가 능숙하게 잘하는 모습을 보면 '부럽다'라고 생각하거나, '다른 애들처럼 잘할 수 있을까?'하고 불안해질 거예요. 그럴 때는 자세를 바꿔 보아요. 불안한 마음아, 날아가라!

활동: 불안한 마음을 없애는 방법

불안해, 무서워……. 이렇게 생각할 때 여러분의 등은 동그랗게 굽어지고 시선은 책상 끝이나 무릎을 보진 않나요? 이건 불안의 자세예요. 가슴을 펴고 얼굴을 들어 앞을 바라 보세요! 그것만으로도 시야가 넓어져서 기분이 밝아지고 목소리나 표정에도 기운이 흘러넘칠 거예요.

★ 불안 자세로, 3분 동안 자신의 이름을 말해 보자.

- 등을 굽힌다
- 땅을 바라본다
- 무표정

★ 몸을 일으켜 3분 동안 자신의 이름을 말해 보자.

- 가슴을 편다
- 정면을 바라본다
- 살짝 미소를 짓는다

· 어떤 기분이 들었나요? 감상을 적어 봅시다!

(예 : 우울해졌다, 불안한 마음이 들었다.)

· 어떤 기분이 들었나요? 감상을 적어 봅시다!

(예 : 긍정적으로 변했다, 밝은 기분이 들었다.)

원 포인트

'자세를 바르게 하세요'라고 하면 오히려 긴장하고 몸이 굳어집니다. '가슴을 펴고 정면을 바라봅시다'라고 하면, 쓸데없는 힘을 빼고 자세가 바르게 될 겁니다. 자세를 바꾸어 기분을 바꾼 경험이 쌓이면, 긴장할 때 자연스럽게 자세를 바꾸게 됩니다.

마음도 몸도 편안하게
발표하고 싶어!

3 심장이 두근두근

발표의 뭐가 싫으냐고 묻는다면, 심장이 입 밖으로 튀어나올 것처럼 두근두근하는 것. 긴장돼서 뭐가 뭔지 모르겠어……. 설마 이렇게 두근두근하는 거, 나만 그런 거야? 나, 이상한 거야?

발표할 때 긴장돼서 심장이 입 밖으로 튀어나올 것처럼 두근두근한다면, 몸도 마음도 굉장히 괴로울 거예요. 마치 격한 운동을 한 것처럼. 하지만 이건 전혀 이상한 일이 아니에요. 심장이 두근두근하는 건, 몸도 머리도 흥분하여 나도 모르게 호흡이 옅어지고 빨라지기 때문입니다. 그럴 때는, 손을 이용한 호흡법이 도움이 될 거예요.

활동: 두근두근을 안정시키는 방법

빨라진 호흡을 손으로 컨트롤하여 안정시켜 봅시다. 양손을 가능한 한 느긋하게 움직이며 손에 맞춰 천천히 호흡하는 거예요. 양손의 동작에 의식을 집중시키면 마음이 안정되고 심장의 두근두근도 진정될 거예요. 앉아서도 가능한 간단한 방법이에요.

손을 천천히 움직이는 게 중요해!

① 손바닥을 위로 향하게 하고 양팔을 앞으로 쭉 뻗는다.

② 코로 숨을 천천히 들이마시면서 팔꿈치를 굽혀 천천히 손바닥을 얼굴 가까이에 가져다 댄다.

③ 천천히 코로 숨을 내뱉으면서 팔꿈치를 펴고, 천천히 팔을 쭉 편다.

원 포인트

화자(말하는 사람)의 호흡이 빨라지면 청자(듣는 사람)도 그에 따라 호흡이 빨라지고, 그 반대도 마찬가지입니다. 이것을 동조 효과라고 합니다. 손이 천천히 움직이는 것을 보면서 동조 효과가 발동하여 호흡과 심장을 안정시킬 수 있습니다.

CHAPTER 1　기초 편　발표에 익숙해지자

마음도 몸도 편안하게
발표하고 싶어!

4 너무 긴장해서 숨을 못 쉬겠어!

'자, 힘내자!'. 그렇게 생각하고 모두의 앞에 섰는데, 왠지 갑자기 긴장이 밀려왔다! 열심히 말해 보려고 했지만, 제대로 숨을 쉴 수 없어서 괴로워!

긴장하면 몸이 딱딱하게 굳고 갑자기 평소처럼 호흡할 수 없어 당황하고 맙니다. 그렇게 되면 뇌에 산소가 부족해져서 더욱더 당황하고, 한층 더 호흡이 흐트러집니다. 평소에는 전혀 의식하지 않았던 호흡이었기 때문에, 의식하면 할수록 어떻게 해야 할지 모를 거예요. 숨을 들이마시는 법과 내뱉는 법을 의식하여 평소에 호흡을 가다듬는 연습을 해 둡시다.

활동: 호흡을 컨트롤하는 방법

우선 숨을 다 내뱉어 봅시다. 숨을 다 내뱉지 않으면 들이마실 수 없어요. '괴로워! 이제 안 돼!'라는 생각이 드는 순간까지, 천천히 모든 숨을 내뱉으세요. 숨을 '내뱉을 때'나 '들이마실 때'의 감각을 확인해 봅시다.

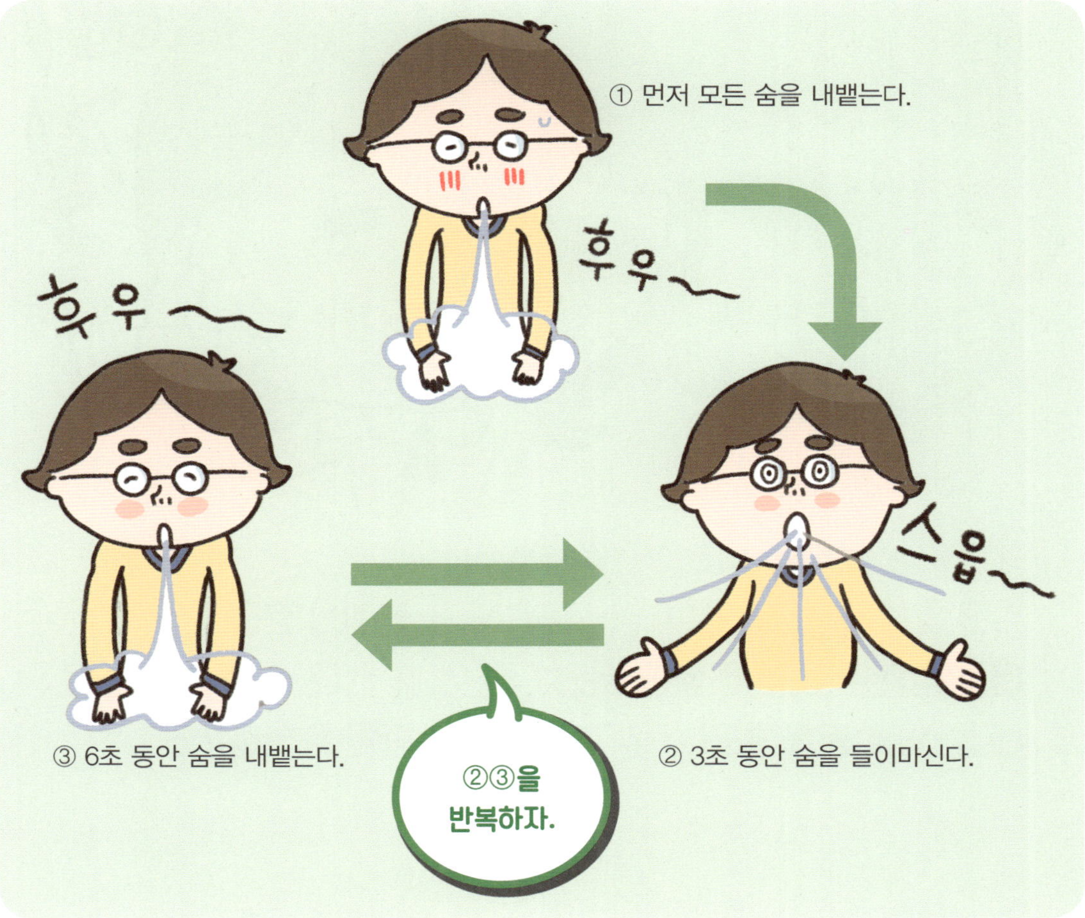

① 먼저 모든 숨을 내뱉는다.

② 3초 동안 숨을 들이마신다.

③ 6초 동안 숨을 내뱉는다.

②③을 반복하자.

원 포인트: 평소에 호흡 컨트롤을 의식하는 것이 중요합니다. 호흡은 무의식에 하고 있으므로 숨이 흐트러진 것을 알아차리기 어렵고, 긴장 등에 따라 조절하기 어려워질 때도 있습니다. 당황했을 때는 우선 "숨을 내뱉어 보자"라고 말해 주세요.

마음도 몸도 편안하게
발표하고 싶어!

5 식은땀이 나온다! 어쩌지!

발표, 다음이 내 차례다……. 어떡해. 긴장해서 땀에 흠뻑……. 이런 상태로 친구들 앞에 서면 다들 웃을 텐데. 땀을 흘리는 내가 싫어. 땀을 흘리지 않고 발표하는 방법이 없을까?

어떡해, 어떡해! 이런 상태에서 흥건하게 나는 땀은 기분 나쁜 식은땀이에요. 겨드랑이가 몸에 딱 붙고 어깨가 올라가 등이 굳지 않았나요? 몸에 힘이 들어가면 머릿속에서 '긴장'과 '흥분'의 스위치가 켜집니다. 그러면 사람의 몸은 '목숨이 위험에 처했어!'라고 착각하고 땀을 흘리게 되는 겁니다. 몸을 풀고, 긴장과 흥분의 스위치를 꺼 주세요.

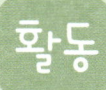 ## 긴장을 진정시키는 방법

양어깨를 쭉 올렸다가 툭 하고 떨어뜨리거나, 상반신을 좌우로 흔들어 봅시다. 몸의 긴장을 풀기 위해서는 중력을 따르는 게 중요해요. 손의 무게를 의식하면서 목과 어깨 등을 같이 움직이고 '풀린다~', '기분 좋다~'라고 느껴 봅시다.

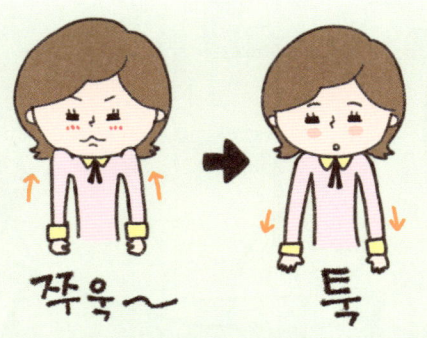

① 양어깨를 위로 쭉 올리고, 한 번에 툭 하고 떨어뜨린다. 3회 반복한다.

② 겨드랑이 아래에 탁구공을 낄 수 있을 정도로 벌리고, 양팔을 흔들흔들 흔든다.

③ 팔에 힘을 빼고 가볍게 흔들거나, 겨드랑이를 파닥파닥 접었다 폈다 한다. 1분 정도 계속한다.

④ 조용히 원래의 자세를 취한다.

 발표를 기다리는 사이에 몸이 굳으면, 실전에서 과도하게 긴장을 하게 됩니다. 그럴 때는, "몸을 풀자"라고 말을 걸어 자신의 몸을 컨트롤하는 습관을 몸에 익히게 해 주세요. 몸도 마음도 편안한 상태에서 발표할 수 있을 겁니다.

마음도 몸도 편안하게
발표하고 싶어!

6 손이 식어서 떨려…….
원고를 제대로 들 수 있을까

원고를 들고 발표해도 된대. 근데 실전을 상상하는 것만으로도 손이 차가워지고 떨려! 모두가 '손을 떨고 있어!'라고 생각하면 어쩌지. 창피해. 어떻게 하면 좋을까?

손이 떨리는 걸 다른 사람에게 들키면 정말 싫을 거예요. 손이 떨리는 것도, 몸에 불필요한 힘이 들어가 근육이 굳었기 때문이에요. 시험 삼아 겨드랑이를 꽉 몸에 붙이고, 손목이 움직이지 않도록 한 후, 종이에 'O'를 그려 보세요. 제대로 그리지 못할 거예요. 반대로 겨드랑이를 몸에서 떼고 손목이 자유로운 상태에서 'O'를 그려 보세요. 이번엔 잘 그렸을 거예요. 손이 떨릴 것 같다면 손으로 몸의 긴장을 풀어 보아요.

활동 손 떨림을 없애는 방법

손이 떨릴 것 같을 땐 손 체조를 해 봅시다. 손을 움직이면 따끈따끈하게 열이 오르고, 굳었던 근육이 풀어지면서 떨리지 않게 됩니다. 따끈따끈한 상태로 실전을 맞이합시다.

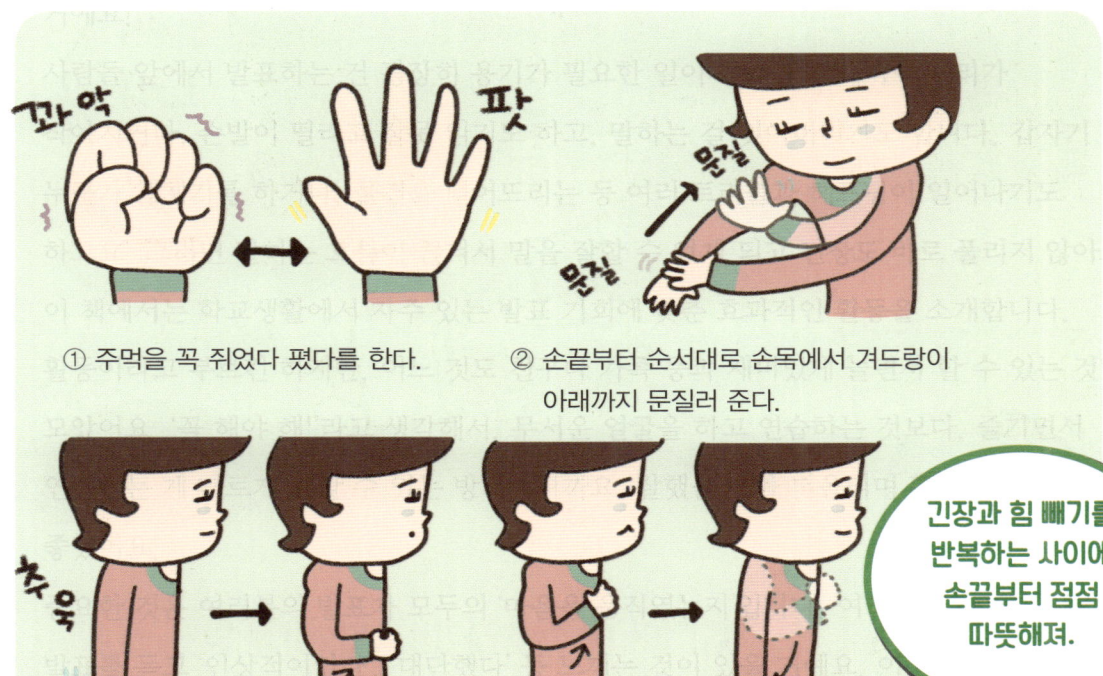

① 주먹을 꼭 쥐었다 폈다를 한다.

② 손끝부터 순서대로 손목에서 겨드랑이 아래까지 문질러 준다.

③ 팔의 힘을 쭉 빼고 뻗었다가 주먹을 가볍게 쥐고 천천히 덤벨 체조를 하듯 손을 올린다.

④ 손을 가슴 근처까지 올렸다가, 한 번에 힘을 빼고 툭 하고 떨어트린다.

> 긴장과 힘 빼기를 반복하는 사이에 손끝부터 점점 따뜻해져.

> 힘을 뺐을 때 늘어지는 감촉을 기억해 두자.

 **원 포인트**

의자에 앉아서도 손을 쥐었다 폈다 하거나 손끝을 비빌 수 있습니다. 마음만 진정시키려고 하면 지나치게 초조할 수도 있습니다. 무리하게 마음을 진정시키려 하지 말고, 우선 손과 가슴 근육을 풀어 주는 데 집중할 수 있도록 합니다.

마음도 몸도 편안하게
발표하고 싶어!

드디어 실전! 다리가 덜덜

"김선영". "네. 네!!" 드디어 내 차례다. 어쩌지. 이제 발표해야 하는데 다리가 덜덜 떨려……. 아아. 왜 이러는 걸까? 다리가 덜덜, 부탁이니까 누가 좀 멈춰 줘!

다리가 덜덜 떨려서 당황할 때가 있지요. 멈추려고 하면 할수록 떨림이 더 커지는 것 같은 느낌이 듭니다. 하지만 다리가 덜덜 떨리는 건, 가만히 서 있을 때가 아니었나요? 걸을 때는 그렇게 떨리지 않았지요? 그러니까 다리가 덜덜 떨릴 때는 가능한 한 다리 이외에 의식을 집중하고 진정될 때까지 천천히 걸으면서 발표하면 됩니다.

지나친 긴장을 푸는 방법

1. ★ 어떤 물건의 이름 3개를 마음속으로 중얼거리자

다리의 떨림을 신경 쓰면 쓸수록 쓸데없이 긴장하게 되는 법이에요. '떨린다!'라고 생각했을 때, 우선 다리를 보지 말고 다른 것에 시선을 옮긴 후, 물건의 이름을 마음속으로 중얼거려 봅시다. 볼 것 3개를 미리 정해 놔도 괜찮아요. 아래에 적어 봅시다.

예 : '현수의 필통', '소라의 가방', '예지의 교과서'

2. ★ 선생님 흉내를 내면서 연습하자

선생님은 수업 중에 칠판 앞에서 좌우로 왔다 갔다 하면서 말씀하지 않나요? 걷다 보면 다리의 떨림도 신경 쓰지 않게 될 거예요. 선생님을 따라 하며, 걸으면서 이야기할 수 있도록 연습해 봅시다.

 같은 장소에 계속 서 있다 보면 시선이 고정되어 긴장하기 쉽습니다. 극도로 긴장하면, 자율 신경이 흐트러져 몸이 떨립니다. 발표 전에 창밖의 경치를 보거나, 교실을 바라보며 눈에 들어온 물건의 이름을 마음속으로 중얼거리기만 해도 기분이 편해집니다.

마음도 몸도 편안하게
발표하고 싶어!

8 모두가 보고 있어! 머리가 새하얘져 버릴 것 같아

자, 실전이다. 예지와 현수가 응원해 주고 있으니까 괜찮을 거야. 하지만 앞에 서서 말을 시작하자……. 다들 나를 보잖아! 어떡해! 그 순간, 무슨 말을 하려고 했는지 다 잊어버렸다!

같은 조 친구들이 가까이에서 응원해 주고 있어도, 역시 반 아이들 앞에 서면 깜짝 놀라지요. 아무리 연습해도 실전의 분위기는 전혀 다를 거예요. 실전에서 갑자기 머리가 새하얘지는 건 모두의 시선을 갑자기 받아 당황해서, 연습과는 다른 속도로 말을 시작하거나 다른 곳에서 숨을 쉬어서 불필요하게 당황하고 마는 것이 가장 큰 원인입니다.

활동: 패닉에 강해지는 연습 방법

연습과 다른 속도로 말하거나 평소와 다른 곳에서 숨을 쉬거나 하면 틀린 것처럼 착각하여 불안해집니다. 이럴 때, 친구에게 지휘자 역을 해 달라고 부탁해 보세요. 지휘자의 지시에 따라 말하는 속도를 바꾸거나 사이를 띄우는 연습을 해 봅시다.

① 발표자 역과 지휘자 역을 정한다.
② 발표자 역은 자신이 좋아하는 속도로 이야기를 시작한다.
③ 지휘자 역은 마음대로 '빠르게', '느리게', '사이를 띄어서' 등 지시한다.
④ 지휘자 역이 지시를 하면 발표자 역은 그 지시에 따른다.
⑤ 서로 교대하면서 연습해 보자.

원 포인트

머리가 새하얘지지 않도록 하기 위해서는 연습 방법을 연구하여 다양한 해프닝에 대책을 세우는 것이 중요합니다. 발표 원고를 그저 읽는 것이 아니라, 놀이를 접목한 연습을 해보세요. 발표자 역이 능숙하게 지시에 대응하면 "그 기세! 좋아!"라고 칭찬해 주세요.

모두에게 들리는 목소리로,
시원시원하게 발표하고 싶어!

9 "목소리가 작아서 안 들려"라는 말을 들었다

당번일 때 출석을 부르는 건 정말 싫어. 다들 "목소리가 작아서 안 들려."라고 하니까. 나도 나름 열심히 목소리를 내는 건데. 좀 더 시원시원하고 멋지게 출석을 부르고 싶다.

누가 "목소리가 작아."라고 말하면 '좀 더 크게 말해야 해.'라고 생각하지만, 이것이 압박으로 느껴져 괜히 몸이 움츠러듭니다. 열심히 커다랗게 목소리를 내 보려 해도 한순간뿐이거나, 쥐어짜는 목소리만 나오고 이어지지 않아요. 하지만 제대로 연습만 하면 누구나 큰 목소리를 낼 수 있게 됩니다. 포인트는 몸을 안정시키는 것과 확실하게 호흡하는 것, 이 두 가지예요.

활동 또랑또랑 잘 통하는 목소리를 내는 방법

큰 목소리를 내기 위해서는 몸이 흔들리지 않도록 안정시키는 것과 확실하게 호흡하는 것이 중요해요. 몸이 안정되면 당당해 보이고, 등도 굽지 않아요. 그래서 호흡도 하기 쉽고 시원시원한 목소리가 나오는 거예요.

① 아무 생각 없이 평소처럼 서서 숨이 찰 때까지 "아―"라고 말한다.
② 어느 정도 크기의 목소리가 나오는지, 어떤 분위기인지 스스로 자신의 목소리를 듣고 기억한다.
③ 양발을 어깨너비로 벌리자. 발끝이 똑바로 앞을 향하도록 발을 평행으로 만들면, 발끝의 위치는 그대로 하고 좌우 발뒤꿈치만 붙인다는 느낌으로 안쪽으로 넣는다.
④ ③의 자세로 다시 한번 "아―"라고 목소리를 내 본다.

> 차이를 느꼈니? 자세를 바꾸니까 목소리가 안정되고 커지지 않았어?
>
> 큰 목소리를 내고 싶을 때는 안정된 자세와 호흡을 의식하자.

원포인트 순간적으로 큰 목소리를 내는 건 가능해도 지속적으로 안정되게 큰 목소리를 내기 위해서는 시간이 걸립니다. 큰 목소리를 무리하게 내려고 하면 목이 상하는 원인이 될 수 있으므로 매일 꾸준히 연습을 하여 차근차근히 또렷한 목소리를 만들어 갑시다.

모두에게 들리는 목소리로,
시원시원하게 발표하고 싶어!

10 문장 끝까지 말하기 전에 숨이 달린다

이야기를 처음 시작할 때는 큰 목소리가 나오는데 마지막에는 숨이 달려서 말끝이 흐려진다. 마치 속삭이는 듯한 목소리가 되고 말아. 열심히 큰 목소리로 말하려고 하면 할수록 목소리가 작아져 버려······. 어떻게 극복할 수 없을까?

'활기차게 얘기하자!'고 결심하고 열심히 큰 목소리로 이야기를 시작했는데, 점점 숨이 달려서 마지막에는 사라질 것처럼 목소리가 작아지는 일은 자주 있어요. 그건 자신이 내뱉은 숨을 컨트롤하지 못하는 것이 원인입니다. 숨을 컨트롤한다는 건 내뱉는 숨의 양과 세기를 일정하게 하는 것입니다.
연습하면 제대로 마지막까지 숨이 이어지게 될 거예요.

활동 · 듣기 편안한 목소리를 내는 방법

마지막까지 숨이 이어지도록 컨트롤하기 위해서 일정한 시간, 내뱉는 양과 세기를 유지하여 조절하는 것이 포인트입니다. 초침이 있는 시계를 써서, 숨을 컨트롤하는 연습을 해 봅시다.

5초 들이마시고 → 5초 숨을 멈추고 → 10초 내뱉는다

① 시계의 초침을 보면서 5초 동안 있는 힘껏 숨을 들이마신다.
② 숨을 다 마신 후 5초 동안 숨을 멈춘다.
③ 10초 동안 있는 힘껏 "후우" 소리를 내며 숨을 내뱉는다.
④ "후우" 소리의 세기가 일정하도록 주의한다.
⑤ 3회가 1세트. 최소 3세트 연습한다.
⑥ 소리의 세기를 일정하게 유지할 수 있게 되면, 내뱉는 숨의 길이를 15초, 20초로 점점 늘려 간다.

> "아-"라고 소리를 내며 해 봐도 좋아.
> 숨이 남거나 부족할 때는, 내뱉는 숨의 양과 세기를 제대로 유지하지 못했다는 증거야. 우선은 10초에 딱 맞게 숨이 없어지도록 해 보자!

원 포인트

두 사람이 한 조가 되어 시간을 세 주면서 해 보세요. "숨을 들이마시고. 1, 2, 3, 4, 5. 멈추고, ……."라고 말을 겁니다. 처음에는 숨이 이어지지 않지만, 당황하지 않고 연습을 계속합니다. 가능한 한, 입이 아닌 코로 숨을 들이마시고 입으로 내뱉도록 의식하여 연습할 수 있게 해 주세요.

모두에게 들리는 목소리로,
시원시원하게 발표하고 싶어!

11 긴장해서 목소리가 떨린다

당번이라 공지 사항을 반 친구들에게 말한 후 자리에 돌아왔더니, 옆자리의 민우가 "이안아, 긴장했었지?"라고 말했다……. 목소리가 떨렸기 때문에 들킨 걸까……? 다음에 당번 하기 정말 싫다. 목소리가 떨리지 않는 방법 없을까?

사람들 앞에서 말할 때, '큰 목소리를 내자' 등 너무 열심히 하려고 하다 보면, 몸에 불필요한 힘이 들어가 목이 메고 말지요. 그러면, 평소의 목소리가 나오지 않고 떨리고 맙니다. 또, 내뱉는 숨의 양을 컨트롤하지 못하면 목소리가 떨리기 쉬워요(항목 10 참조). 목소리의 떨림을 너무 신경 쓴 나머지, 몸이 굳어지는 역효과가 납니다. 안정된 목소리를 내는 연습을 꾸준히 하면 조금씩 좋아질 거예요.

 ## 안정된 목소리를 내는 방법

시험 삼아, 내뱉는 숨의 양을 적게 하고, 목을 단단히 꽉 조인다는 느낌으로 목소리를 내 봅시다. 목소리를 잘 컨트롤할 수도 없고, 목이 괴로울 거예요. 떨리지 않는 안정된 목소리를 내기 위해서 '횡격막'이라는 근육의 움직임을 단련하는 트레이닝을 합시다.

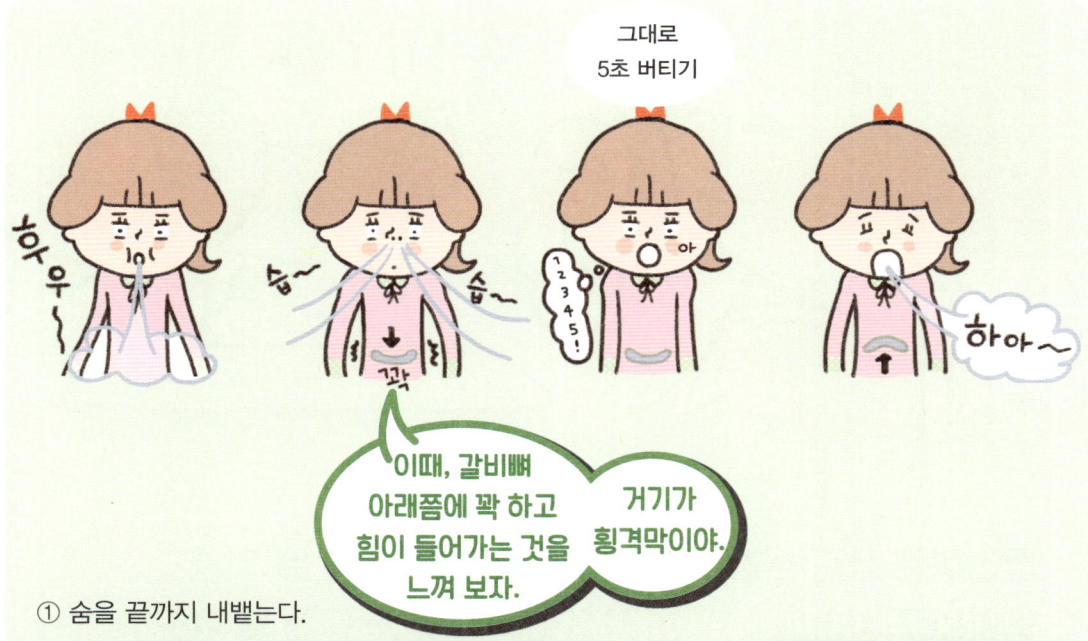

① 숨을 끝까지 내뱉는다.
② 가슴과 어깨가 움직이지 않도록 하고, 공기를 명치에 넣는다고 의식하며 코로 숨을 들이마신다.
③ 힘껏 숨을 들이마셨다면, 거기서 숨을 멈추고 입을 벌린다.
④ 입을 5초 동안 벌린 채로 있는다.
⑤ 5초가 지나면 "하아ㅡ" 하고 소리를 내 보자. 횡격막이 조금씩 올라오는 것을 느껴 보자.
⑥ 같은 크기로 떨리지 않게 목소리가 나오도록 횡격막을 의식하고, 내뱉는 숨의 양을 일정하게 유지한다.

 횡격막의 움직임을 단련하면, 일정량의 숨을 내뱉을 수 있게 되어, 안정된 듣기 편안한 목소리로 변화할 거예요. 명치의 위치를 모르는 아이에게는 어른이 자신의 갈비뼈와 위의 사이 근처에 손을 얹고 따라 하도록 합니다.

모두에게 들리는 목소리로,
시원시원하게 발표하고 싶어!

12 알아듣기 쉬운 목소리로, 시원시원하게 읽고 싶어!

유진이는 정말 소리 내어 읽기를 잘한다. 술술 잘 읽고 목소리도 알아듣기 쉬워. 저절로 푹 빠져서 듣게 될 정도야. 나도 유진이처럼 잘 읽고 싶다.

알아듣기 쉬운 목소리로 말하기 위해서는, 정확하게 발음하는 것이 중요해요. 정확한 발음을 위해서 뺨의 움직임이나 입을 벌리는 정도, 혀의 움직임을 단련해야 합니다. 이것을 '발음 연습'이라고 합니다. 배우나 아나운서의 발음이 좋은 것은 이 연습을 매일 꾸준히 하고 있기 때문이에요. 여러분도 발음 연습을 꾸준히 하면 알아듣기 쉬운 발음을 익힐 수 있을 거예요.

활동 발음을 좋게 하는 방법

교과서를 아무 데나 펴고, 그 페이지를 소리 내어 읽는 연습을 해 봅시다. 점점 익숙해지면, 교실이나 집에 있는 책으로 연습해 봅시다. 이외에도 발음이 어려운 말로 만든 문장을 연습해도 좋아요. 매일 5분만 해도 상관없어요. 매일 연습하는 것이 제일 빠른 지름길이니까요.

① 교과서나 집에 있는 책을 골라 아무 데나 페이지를 편다.
② 우선 천천히 소리 내어 읽는다.
③ 발음하기 어려운 말이나 버벅거리기 쉬운 말 등이 있다면 체크한다.
④ 체크한 말에 주의하면서 술술 읽을 수 있을 때까지 소리 내어 읽기를 반복한다.
⑤ 술술 읽을 수 있게 된다면 조금씩 읽는 속도를 올린다.
⑥ 빠르게 읽으면서 발음하기 어려운 말이나 버벅거리기 쉬운 말 등을 체크한다.
⑦ 여러 번 연습한다.

소리 내어 읽기를 할 때는 발음하기 어려웠던 말을 적어 두면, 발음을 잘하지 못하는 소리나 소리와 소리의 조합을 알 수 있게 될 거예요. 아이에게 "그 말, 알아듣기 어려워."가 아니라, "그 말은 조금 더 신경 써서 말해 볼래?"라고 말하면, 긴장하지 않고 연습할 수 있습니다.

쑥스러워하지 않고 자연스러운
미소와 몸짓, 손짓으로 발표하고 싶어!

13 어떡해! 이번 학예회, 대사가 있어……

학예회 연극에서 대사가 있는 역할을 맡게 됐다. 하지만 너무 부끄러워서 계속 바닥만 보고 말아. 제대로 관객 쪽을 보고 대사를 해야 하는데……. 어떻게 하면 부끄럽지 않을 수 있을까?

대사를 하는 것은 꽤 어려운 일이에요. 익숙하지 않은 것을 갑자기 해야 한다면 누구나 망설일 거예요. 그러한 망설임이 '실패하기 싫은데'라는 마음을 만들어서 부끄러움으로 이어지는 겁니다. 부끄러움을 극복하기 위해서는 '익숙해지기', '과감하게 해 보기'가 굉장히 중요해요. 여러 번 연습을 거듭하면 점점 얼굴을 들을 수 있게 될 거예요.

활동: 부끄러움을 버리는 방법

과감하게 여러 번 연습해 봅시다. 처음엔 부끄러워서 움직이지 못하더라도 괜찮아요. '평소라면 절대 하지 않을 일'에 도전하며 조금씩 부끄러움을 없애 봅시다! 혼자서 해도 되고 그룹으로 해도 좋아요.

① 아이돌 가수가 되어 콘서트를 하자!
② 방이 '무대'라고 생각하고 등장하는 것부터 과감하게 해 보자.
③ 음악에 맞춰 손뼉을 유도하거나 악수를 청해 보자.
④ 익숙해지면 "여러분! 오늘 와 줘서 고마워요!", "즐기고 있죠?" 등을 외쳐 보자.
⑤ '내가 모두를 즐겁게 만든다!'라고 생각하며 해 보자!

사실 이 활동은 '관객 역의 분위기가 얼마나 좋은지'가 굉장히 중요합니다. 아이돌 역을 맡은 아이가 바닥만 쳐다본다면 "힘내! 응원하고 있어."라고 말을 걸어 봅시다. 활동 종료 후에 아이돌 역을 맡은 아이에게 "대단해! 잘했어!"라고 칭찬해 주세요.

쑥스러워하지 않고 자연스러운
미소와 몸짓, 손짓으로 발표하고 싶어!

14 발표할 때 얼굴이 우울해 보여

수업 참관 때 그룹 발표하는 모습을 찍은 사진을 받았다. 그런데 왠지 나만 굉장히 어두운 얼굴을 하고 있었다. 모두 활기차게 발표하고 있는데, 왜 나만 이렇게 우울한 얼굴을 하는 걸까?

발표하는 사람이 밝은 얼굴을 하면 듣는 사람도 이야기 듣기 편안합니다. 사람의 표정을 만드는 건, 표정근이라고 불리는 근육이에요. 수업 참관으로 엄마나 아빠가 많이 계셔서, 평소 이상으로 긴장을 한 건 아니었을까요? 긴장하면 표정근이 굳어서 어두운 얼굴로 보일 수 있어요. 우선은 얼굴 근육을 풀고, 그 후 근육을 잘 움직이게 하는 연습을 해 보아요.

활동 표정을 밝게 하는 방법

발표 전, 긴장했을 때 얼굴 스트레칭을 해 봅시다. 얼굴이 따끈따끈 따뜻해지면서 근육이 부드러워질 거예요. 그러면 굳었던 근육이 풀리고, 자연스러운 미소를 만들 수 있어요. 스트레칭을 했다면 '입꼬리(=입의 양 끝)'를 올리는 연습을 합시다. 표정이 밝아지면 마음도 설레게 될 거예요!

★ 표정근 스트레칭을 하자

① 입술을 '우' 모양으로 한다.

② 입술을 쭉 내밀고 좌우로 움직인다. 좌우 왕복 30회.

③ 마지막으로 오른쪽으로 돌리기, 왼쪽으로 돌리기를 각각 30회 한다.

★ 입꼬리를 올리는 연습을 하자

① 나무젓가락 하나와 거울을 준비하자. 젓가락을 옆으로 뉘어서 입에 문다.

② 입에 문 채로 "이-" 하고 발음한다.

③ 입꼬리를 더욱 위로 올려서 그 모양을 5분 동안 유지한다.

 얼굴 근육의 유연성은 표정을 정하는 것뿐만 아니라 발음(31페이지 참조)과 목소리의 밝기에도 영향을 끼칩니다. 사람들 앞에 섰을 때, 밝은 표정을 유지하기 위해서는 평소에 표정을 의식하는 것이 중요합니다. 꾸준하게 표정근 트레이닝을 하면 '자연스러운 미소'를 지을 수 있게 될 겁니다.

쑥스러워하지 않고 자연스러운
미소와 몸짓, 손짓으로 발표하고 싶어!

15 발표할 때 실실거려서 혼났다!

전교생이 모인 조례 시간에 생활 위원회의 대표로 활동 발표를 하게 되었다. '웃는 얼굴로 발표해야지.'라고 생각해서, 계속 웃으면서 얘기했더니, 소라가 "실실 웃지 말고 진지하게 좀 해!"라고 화냈다……. 아이고.

웃으며 발표하면 밝은 인상에 기운 넘쳐 보일 거예요. 하지만 발표 내용과 웃는 얼굴이 들어맞지 않는다면, '장난치고 있다'고 생각할 수 있습니다. 평소 친구들과 얘기할 때를 떠올려 보세요. 재미있으면 웃고 진중한 이야기할 때는 진지한 얼굴을 하지 않나요? 항상 웃는 얼굴로 있는 것보다 이야기의 내용과 그때의 감정에 맞는 표정을 의식하여 짓는 것이 중요해요.

활동: 자연스럽게 밝은 표정을 짓는 방법

발표 연습을 할 때, 진지한 얼굴→미소→진지한 얼굴→미소를 반복하여 표정을 바꿔 가면서 발표의 내용과 표정이 들어맞는지, 들어맞지 않는지를 거울 앞에서 확인하고 내용과 맞는 표정을 찾아봅시다.

★ 과장되게 표정을 바꿔 보자!

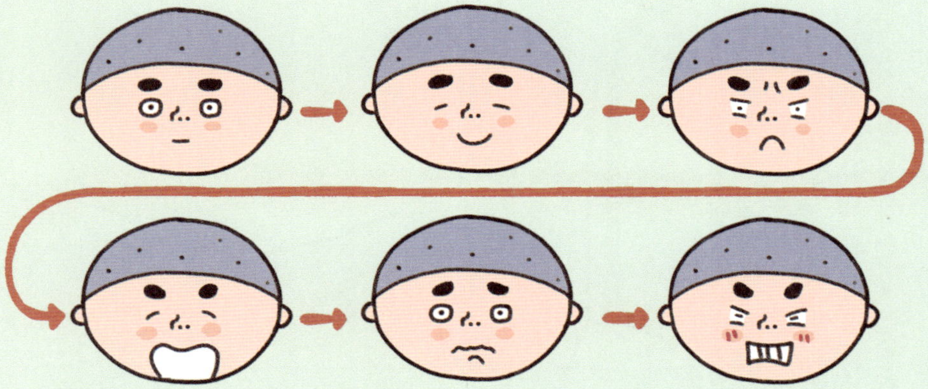

★ 표정과 발표 내용이 들어맞을 때와 아닐 때의 차이에 대해 생각한 점과 느낀 점을 적어 보자

- 들어맞았을 때

- 들어맞지 않을 때

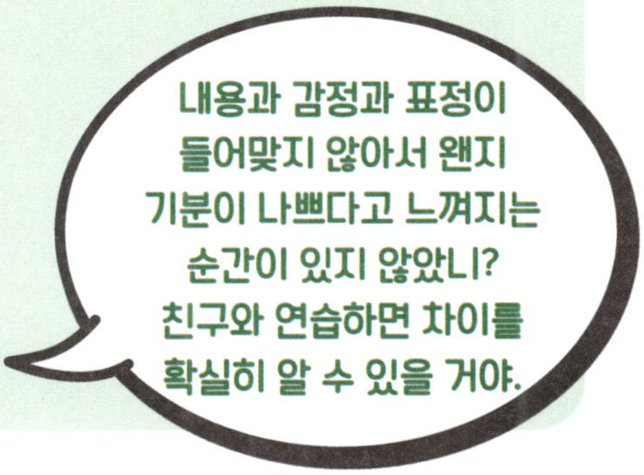

> 내용과 감정과 표정이 들어맞지 않아서 왠지 기분이 나쁘다고 느껴지는 순간이 있지 않았니? 친구와 연습하면 차이를 확실히 알 수 있을 거야.

원 포인트
잘 전해질지 불안할 때는, 발표 전에 자신의 표정을 확인하면 실전에서 더욱 전달하기 쉬워질 거예요. '어떻게 보일까?', '어떤 느낌일까?'라고 자신에게 물으면서 자연스럽게 밝은 표정에 접근해 보아요.

쑥스러워하지 않고 자연스러운
미소와 몸짓, 손짓으로 발표하고 싶어!

16 발표할 때 무심코 몸이 꼼지락꼼지락 움직인다

전교 조례 시간에 할 스피치 연습에서 "똑바로 서 있어. 꼼지락꼼지락 움직이지 마."라고 선생님께 몇 번이나 주의받았다. 민우에게 물어보니 "머리나 옷자락을 계속 만지작거렸어."라고 말해 줬다. 그럴 생각 전혀 없었는데!

사람은 자신의 몸을 만지면 안심하게 됩니다. 그래서 긴장했을 때 긴장을 풀기 위해서 무의식적으로 몸의 어딘가를 만지고 마는 것이지요. 그건 자연스러운 행동이지만, 발표 중에 몸을 계속 움직이면 듣는 사람의 신경이 분산되어서, 열심히 준비한 발표가 전혀 전달되지 않을 거예요. 이럴 때, 큰맘 먹고 말할 때 손을 의식적으로 움직이는 연습을 해 보아요!

활동: 꼼지락꼼지락하는 버릇을 고치는 방법

"삼촌이 귤을 잔뜩 보내 주셔서 한 번에 20개나 먹었어."라는 얘기를 친구에게 할 때, 특히 어느 부분을 강조하고 싶나요? '잔뜩', '20개나'에서 손짓을 넣고 싶지 않나요? 발표도 똑같아요. 중요한 부분, 꼭 전하고 싶은 부분에서 손을 움직여 봅시다. 무의식에 몸을 만지는 버릇을 예방할 수 있을 거예요.

① '친구와 얘기할 때, 언제 손을 움직이고 싶어질까?' 하고 생각해 보자.
② 꼭 전하고 싶은 부분에서 손짓을 섞어 적극적으로 동작을 넣어 보자.
③ 동작이 너무 많은 것 같다면 우선순위가 낮은 부분의 동작을 없애자.

원 포인트

"꼼지락꼼지락하지 마!"라고 지도하면, 아이는 오히려 진정하지 못할 수 있습니다. "몸짓과 손짓을 넣어서 얘기하면 더욱 멋질 거야."라고 지도해 주세요. 평소에 몸짓과 손짓을 의식하도록 알려 주면, 아이도 자신의 동작을 의식하는 계기가 될 겁니다.

쑥스러워하지 않고 자연스러운
미소와 몸짓, 손짓으로 발표하고 싶어!

17 말하기도 벅차! 몸짓과 손짓을 어떻게 해야 할지 모르겠어

원래는 그래프를 가리키거나 모두를 바라보며 발표하고 싶었는데 발표 중엔 말하는 것만으로도 벅차! 예지가 도와줬지만, 다음엔 제대로 몸짓과 손짓을 섞어서 발표하고 싶다.

발표할 때 '여기서 이 동작을 해야지.'라고 생각하거나, '틀리지 않게 발표해야지.' 하고 열심히 하려고 하지요. 그러면, 무의식중에 어깨와 겨드랑이 아래에 나도 모르게 힘이 들어가서 제대로 움직이지 못하게 됩니다. 몸짓과 손짓을 하기 위해서는 자신의 감정에 맞게 자연스럽게 움직일 수 있도록 연습하는 것이 필요해요. 중요한 것은 자신의 감정을 움직이게 하는 겁니다.

활동: 자연스러운 몸짓과 손짓을 몸에 익히는 방법

몸짓과 손짓은 감정이 움직였을 때 자연스럽게 나타나요. 예를 들어, 전혀 움직이지 않고 똑바로 선 채로 웃는 경우는 별로 없을 거예요. 웃을 때는 손뼉을 치거나 몸을 흔드는 등, 생각보다 많이 움직이고 있답니다. 발표할 때도 똑같아요. 자신이 감동한 점이나 '전하고 싶어!'라는 마음을 솔직하게 몸짓과 손짓으로 표현해 봅시다.

★ "이 물, 정말 맛있다."라는 대사를 다음의 지시에 따라 말해 보고 비교해 보자.

말투나 몸짓과 손짓이 바뀌었지? 이것이 감정과 몸의 동작이 일치한다는 거야.

지시 ①
'맛없다'고 생각하고 '맛없다'는 얼굴로

지시 ②
'맛없다'고 생각하고 '맛있다'는 얼굴로

지시 ③
'맛있다'고 생각하고 무표정·똑바로 서서

지시 ④
'맛있다'고 생각하고, 눈앞에 있는 친구에게 이 물의 맛있음을 전하고 싶다고 느끼면서

원 포인트

몸짓과 손짓은 연출 상황에서 타이밍을 맞추는 등 결정된 사항을 제외하고, 한 사람 한 사람이 모두 달라도 문제없습니다. 연습 중에 자연스럽게 나온 몸짓과 손짓을 놓치지 말고, "아! 그 동작 좋네!"라고 바로 알려 주면, 아이의 자신감 향상으로 이어질 수 있습니다.

쑥스러워하지 않고 자연스러운
미소와 몸짓, 손짓으로 발표하고 싶어!

18 동작이 어색하다는 말을 들었다

학예회에서 연극을 하게 되었다. 집에서는 자연스럽게 할 수 있는데. 학교에서 연습하면 왠지 동작이 딱딱해진다. 로봇 같은 걸음걸이 때문에. 선생님께서도 "동작이 딱딱하니까 좀 더 자연스럽게 움직여 보자."라고 말씀하셨다.

집에서는 잘할 수 있는데 학교에서 연습할 때 제대로 하지 못하면 분하겠네요. 모두의 앞에 섰을 때, '잘하고 싶다'고 생각하는 것이 바로 원인입니다. 집에서 연습할 때는 아무도 보지 않으니까 자연스럽게 연습할 수 있지만, 학교에서는 모두가 보고 있어서 아무래도 '잘하고 싶다'고 생각하고 말지요. 그러면 긴장돼서, 마음과 몸에 여유가 없어지고 동작이 어색해지는 거예요.

활동 · 동작이 자연스러워지는 방법

'잘하고 싶다'고 생각하지 않으려면 '잘하지 않는 연습'을 하면 돼요. 처음부터 잘하는 게 목적이 아니니까 자연스럽게 몸과 마음의 긴장이 풀리게 됩니다. 다 같이 연습하기 전에 몸풀기로 재미있게 해 봅시다! 기분이 편안해질 거예요.

> 가호
> (안녕)
> 세이구
> (유진아)

> 웃따티
> 우가뽀네까?
> (그래서 무슨 일이야?)

> 웃겨서 웃더라도 계속해 보자. 대담하게 하는 게 중요해.

> 집에서 혼자 있을 때도 해 보자.

① 연극의 한 장면을 고른다.
② 고른 장면의 대사를 전부 엉터리로 말한다.
③ 동작 등을 섞으면서 대담하게 엉터리 말로 대사를 주고받는다.

진지하게 하려고 했기 때문에 동작이 어색해지는 경우가 자주 있습니다. 엉터리 대사로 말하면, 말이 통하지 않는 만큼 몸짓과 손짓을 섞어서 자신의 감정을 전하려고 하므로, 동작이 딱딱해지지 않습니다. "좋아! 좀 더 엉터리로 해도 괜찮아."라고 말해 주세요.

틀리지 않고 술술 발표하고 싶어!

19 연습했는데! 몇 번을 해도 말을 버벅거린다

집에서 그렇게 많이 연습했는데, 그룹 발표 실전에서 결국 몇 번이나 발음을 버벅거리고 말았다……. 현우는 "제대로 연습한 거야?"라고 말했다. 최악이다. 어떻게 하면 버벅거리지 않고 발표할 수 있게 되는 걸까?

연습에서는 잘할 수 있는데 실전에서 틀리는 건 자주 있는 일이에요. "아, 망했다."가 아니라, "좋아, 다음에 잘하자!"라고 마음속으로 생각해 보세요. 그리고 한숨을 쉬고, 다시 한번 고쳐서 말해 보세요. 실전에서 말을 버벅거리는 건, 불안과 긴장으로 혀 근육이 굳어서 발음을 제대로 하지 못하기 때문이에요. 제대로 발음하지 못하고 씹거나 버벅거리는 것이지요. 혀 체조를 해서 긴장을 풀고 실전에 강해집시다.

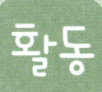 ## 실전 직전에 할 수 있는 혀 스트레칭 방법

발음이 버벅거리는 것 자체는 자주 있는 일이에요. 나쁜 게 아니에요. 실전 전에 혀의 긴장을 푸는 체조를 합시다.

① 입안에서 큰 구슬을 이동시키듯이, 혀를 좌우로 움직이며 혀끝으로 볼을 꾹 누른다.

② 혀를 이와 입술 사이에 넣고, 윗니와 아랫니의 바깥쪽을 따라가듯이 좌우로 빙글빙글 돌린다.

③ "메롱" 하고 혀를 있는 힘껏 쭉 내민다.

④ "라라라라라" 하고 '라' 소리만 계속 낸다.

 '발음을 버벅거리는 건 나쁜 것'이라고 생각하지 않나요?
'버벅거린다=나쁘다'라는 이미지가 고착되면, 압박을 느껴 불필요하게 발음을 버벅거리고 말 거예요. 발음을 버벅댔을 때는 "오케이, 괜찮아!"라는 메시지를 전해 주세요.

틀리지 않고 술술 발표하고 싶어!

20 어디를 읽고 있었는지 잊어버렸어

원고를 읽다 보면, 항상 도중에 어디를 읽고 있었는지 잊어버린다. 다들 술술 잘 읽는데 나만 항상 '어라?' 하고 만다. 어떻게 하면 제대로 읽을 수 있을까?

도중에 어디까지 읽었는지 잊어버리는 건 문자를 열심히 눈으로 좇기 때문이에요. 한 자, 한 자 확실히 읽으려고 하면, 주위에 있는 같은 글자가 눈에 들어오는 것이지요. '교과서 읽기' 등 반드시 정해진 문장을 읽어야 할 경우와, 발표의 대사 등 미리 정해진 문장을 읽지 않아도 될 경우, 패턴을 두 가지로 나누어 연습해 보아요.

활동 안정적으로 원고를 읽는 방법

1. 정해진 문장을 읽을 때 (교과서를 소리 내어 읽을 때 등)

원고를 쥔 손을 살짝 멀리하고, 항상 지금 소리 내어 읽고 있는 말의 5~6문자 앞의 문자를 눈으로 좇아가 봅시다. 다음 말도 알고 있으니까 안정적으로 읽을 수 있을 거예요.

> 눈으로 글자를 좇는 속도는 소리 내어 읽는 속도보다 훨씬 빨라. 그러니까 지금 바로 읽고 있는 문자를 보고 있으면 눈의 속도와 목소리의 속도가 맞지 않아서, 어디를 읽고 있었는지 잊어버리는 거야.

2. 정해진 문장을 읽지 않아도 될 때 (발표 대사 등)

자신의 의견을 발표할 때나 그룹으로 발표할 때는, 말해야 할 키워드를 외우고 있으면 원고 그대로 읽지 않아도 괜찮아요. 원고 대신에 키워드만 쓴 '메모'를 만들어 봅시다.

아침은 차를 추천한다!
- 눈이 떠진다
- 머리가 또렷해진다

건강에 좋다!
- 살이 찌지 않는다
- 수분을 섭취할 수 있다
- 몸이 따뜻해진다

① 키워드는 크게 쓰거나 붉은 글씨로 쓴다.
② 설명이 필요한 말은 항목별로 쓴다.
③ 항목별 키워드를 보면서 말한다. 그렇게 하면 어디를 읽고 있었는지 잊어버리지 않고, 모두를 보며 말할 수 있게 된다.

원 포인트
원고를 전부 문장으로 써 두면, 순발력이 떨어지거나, 말에 현실성이 떨어지게 됩니다. 키워드만 써 두고 연습을 함으로써, 현장감 넘치는 자연스러운 발표를 할 수 있습니다. 먼저, 자신의 말로 발표하는 것을 우선으로 해 주세요.

CHAPTER 1 　기초 편　발표에 익숙해지자

틀리지 않고 술술 발표하고 싶어!

21 연습과 다르게 움직이면 말을 버벅댄다

사회과 견학 그룹 발표에서, 칠판에 포스터를 붙이고 설명을 했다. 연습 때는 오른손으로 가리켰는데, 실전에서 왼손으로 가리키고 말았다. 왠지 실수한 기분이 들어서 발표 도중에 발음을 버벅댔다. 아아, 무서웠어…….

많이 연습했는데, 분했겠네요. '여기에서 이런 동작을 해야지.'라고 미리 생각해 두는 건 정말 좋은 거예요. 하지만 동작과 말을 완전히 맞춰야 한다고 생각하면 실전에서 실수로 반대 손을 올린 순간, '뭔가 달라! 틀렸다!'라고 인식하고 당황하고 맙니다. 사소한 일로 실패한 기분이 들지 않도록, 동작을 정한 후에는 이런 연습을 해 보세요!

활동: 발음을 버벅대지 않고 발표하는 방법

친구와 함께 발표 연습을 하면서 실전에서는 절대 하지 않을 법한 동작을 해 봅시다! 그렇게 했을 때 제대로 발표할 수 있게 되면 미리 정해진 동작을 틀리더라도 실전에서 당황하지 않을 거예요. 게임처럼 재미있게 해 봅시다.

① 종이를 작게 잘라서 지시 사항을 적은 제비뽑기를 만든다.
② 한 사람이 이야기할 때, 그룹의 조원이 순서대로 뽑기를 뽑고, 적힌 지시 사항을 발표하는 친구에게 전한다.
③ 발표자는 발표를 멈추지 않고 지시에 따라 동작을 한다.

지시 예
- 자기 머리 만지기
- 한 바퀴 돌기
- 그 자리에서 점프하기
- 브이하기
- 오른손을 들어 올리기
- 손뼉을 치면서 하기 등

 **원 포인트**

몸짓과 손짓에 약간의 연출을 더하는 것은 좋습니다. 하지만, '여기에서 반드시 이 동작을 한다.'라고 정해 버리면, 그 동작을 못 했을 때 당황하고 맙니다. 연습할 때 실전에서 절대로 하지 않을 동작을 넣어, 패닉에 강해지도록 합시다.

틀리지 않고 술술 발표하고 싶어!

22 하고 싶은 말을 제대로 말로 표현할 수 없다

토론은 어렵다. 상대 팀의 의견에 빠르게 반론하지 못하면 져 버리고. 하지만 하고 싶은 말이 있어도, 바로 말로 표현할 수 없어. 하고 싶은 말이나 자신의 기분을 말로 잘 표현하려면 어떻게 하면 좋을까?

의견이나 기분 등, 하고 싶은 말이 있는데 그것에 딱 맞는 표현을 찾지 못하는 것, 자주 있는 일이지요? 우선 알고 있는 말의 수(어휘력)를 늘리는 것이 중요해요. 그리고 예를 들어 반대 이유가 애매하면 "왜 반대하나요?"라고 이유를 물었을 때 말이 잘 나오지 않습니다. 왜? 왜? 하고 이유를 파고드는 연습을 해 봅시다.

생각을 말로 바꾸는 속도를 높이는 방법

1. ★ 한 개의 행동을 여러 말로 표현해 보자!

'사과를 먹는다'는 행동은 같아도, '덥석 물다'나 '입에 물다', '베어 먹다' 등 머릿속에 떠오르는 이미지는 다를 거예요. 같은 행동이라도 표현을 바꾸면 상대에게 전해지는 이미지도 바뀌어요. 다양한 말로 표현하는 연습을 해서 어휘력을 늘려 봅시다!

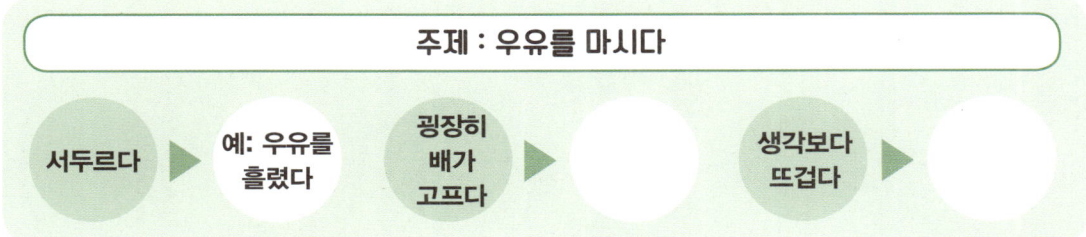

2. ★ 좋아하는 것을 적고, 왜? 왜? 왜? 라고 3번 생각해 보자!

좋아하는 것에 대해서 왜 그것을 좋아하는지, 왜? 왜? 왜? 라고 이유를 3번 파고들어 봅시다. 이 연습을 하면 의견의 이유도 명확하게 말할 수 있고, 상대의 의문에 답하는 연습도 될 거예요.

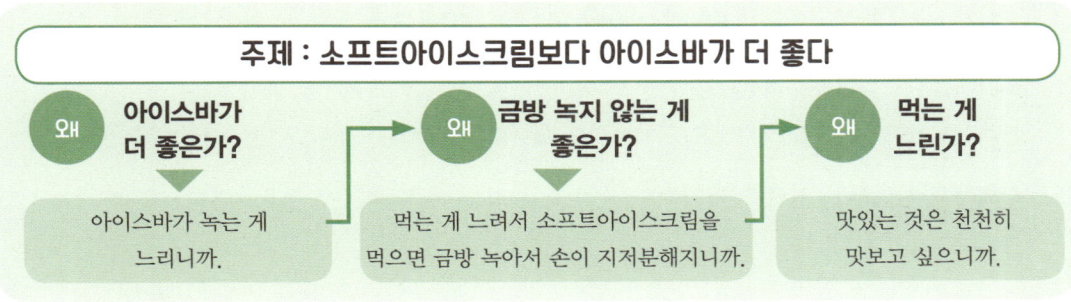

 어휘를 늘리면 자신의 기분을 정확하게 전달할 수 있게 됩니다. '이럴 때는 어떤 말이 어울릴까?' 등 게임처럼 어휘력을 높여 나갑니다. '왜?' 활동에서 이유를 답하지 못하더라도 무리하게 대답을 끌어내지 말고 생각하는 자세를 칭찬해 주세요.

틀리지 않고 술술 발표하고 싶어!

23 교실이 바뀌면 말을 잘할 수 없게 된다

사회과 견학 후, 그룹 발표를 시청각실에서 하게 되었다. 교실에서 연습했을 때는 잘했는데, 시청각실로 자리를 옮기니까 갑자기 긴장되었다. 반 친구들의 얼굴은 바뀌지 않았는데 왜 그런 걸까?

장소가 바뀌면 평소와 다른 느낌이 들어서 긴장하고 맙니다. 특히 평소보다 넓은 장소로 이동하면, '얼마나 더 크게 목소리를 내야 하지?', '어디를 봐야 해?', '원래 쓰던 칠판의 높이랑 달라!' 등 위화감을 느낄 만한 것들이 많이 있어서, 불안해지는 거예요. 어떤 장소에서도 잘 발표하기 위해서, 미리 다양한 장소에서 발표하는 자신의 이미지를 떠올려 봅시다.

활동: 교실이 달라져도 차분히 말하는 방법

다양한 교실에서 발표하는 장면을 떠올리며 연습해 봅시다. 교실 사진이 있다면 사진을 보면서 연습해 봅시다. 이미지 트레이닝을 해 두면, 교실을 이동해도 당황하지 않고 연습의 성과를 낼 수 있을 거예요.

- 무대 위에서 사람들을 보면, 사람들의 얼굴은 어느 정도의 각도로 보일까?
- 체육관 넓이 정도면 얼마나 큰 목소리를 내야 뒤에까지 들릴까?
- 체육관에는 몇 명 정도 들어갈까?
- 몸을 어느 정도 움직여야 사람들을 잘 볼 수 있을까?

> 시청각실, 음악실, 과학실 등에서 발표하는 모습을 상상하는 연습도 해 보자.

원 포인트: 미리 장소를 상상하며 연습함으로써, 실전에서 느끼는 연습과의 차이에 당황하지 않을 수 있습니다. 연습 중에 "시청각실의 넓이를 상상해 봐."라고 구체적으로 제시해 주세요.

틀리지 않고 술술 발표하고 싶어!

24 말을 버벅거린 후 다음을 말할 수 없게 된다

한번 말을 버벅거리면 '실패했다!'라는 생각이 들어서 당황하고 다음 내용을 말할 수 없게 된다. 버벅댄 것을 모두가 알아차려서, 머리가 빙빙 돌고 뭘 말하려고 했는지 잊어버린다.

버벅대는 건 나쁜 것이 아니에요(45페이지를 보세요). 하지만, 버벅거렸을 때 '망했어! 실수했다!'라고 생각해서, 다음에 뭘 말하려고 했는지 잊어버릴 때가 있습니다. 버벅댔기 때문에 집중력이 떨어진 것도 원인 중 하나입니다. 버벅대더라도 마음을 가다듬고 조금씩 조금씩 앞으로 나아가 보세요. 그렇게 하면 버벅댄 것은 금방 만회할 수 있고 잊는 것도 가능합니다.

활동: 마음을 능숙하게 전환하는 방법

도중에 버벅대더라도 멈추지 않고 계속해서 말을 이어서 해 봅시다. '버벅댔다'는 것에 의식을 모으는 것이 아니라, '지금 내가 전해야 할 것은 뭐였지?'를 생각합시다. 그렇게 하면서 버벅대더라도 다음 얘기를 이어서 말하는 연습을 하면 마음 전환을 능숙하게 할 수 있게 될 거예요.

아, 채소 가게가 보입니다.

사실, 이 채소 가게에서는 생선도 팔고 있다는 것, 알고 있었나요?

이 지역 어부가 매일 아침 신선한 생선을 직접 가져다준다고 합니다.

저도 이 채소 가게에서 생선을 산 적이 있습니다.

슈퍼에서 산 생선보다 신선해서 맛있습니다.

① 산책 방송의 리포터가 되어 보자.
② 걸으면서 눈에 들어온 것을 1분 동안 쉬지 않고 실황 중계를 하자.
③ 친구에게 소개한다는 마음으로 얘기해 보자.
④ 키워드를 정해서, 거기부터 자유롭게 이야기를 펼쳐 나가 보자.

> 매일 가는 통학로를 걸으면서 연습할 수 있어. 친구와 해 보면 재미있을 거야.

원 포인트: 처음에는 말을 버벅거려서 좀처럼 실황 중계할 수 없을 겁니다. "천천히 해도 괜찮아."라고 격려해 주세요. 말이 나오게 되면 "대단하다! 그 말, 생각지도 못했는데."라고 칭찬합니다. 어느 정도 익숙해지면 말이 나오기까지 얼마나 걸리는지 속도에 주목합니다.

CHAPTER 1 기초 편 발표에 익숙해지자

복식 호흡으로 또렷한 목소리를 내 보자

또렷한 목소리를 낸다면 자신감이 붙습니다. 게다가 청자도 자연스럽게 이야기를 듣고 싶어지지요. 힘이 있는 목소리를 내는 비법은 복식 호흡을 하는 것입니다. 숨의 양이 느는 것뿐만 아니라, 오랫동안 숨을 내뱉을 수 있게 되므로, 숨을 많이 쉬지 않아도 전달이 잘 되는 안정된 목소리를 낼 수 있어요.

복식 호흡은 배에 숨을 넣기만 하는 것이 아니에요. 폐의 아래에는 횡격막이라는 근육으로 된 막이 있어서, 숨이 들어가면 아래로 내려갑니다. 복식 호흡으로 횡격막을 크게 움직여 폐에 많은 공기를 넣으므로 내장이 눌려 배가 부풀어 오릅니다. 마치 배로 호흡하는 듯이 보이기 때문에 복식 호흡이라고 부릅니다.

복식 호흡을 해 보자

❶ 눕는다.
❷ 느긋한 리듬으로 코로 호흡한다.
❸ 배꼽에서 손가락 3개 아랫부분에 양손을 둔다.
❹ 자신의 배와 허리 주변에 풍선이 들어갔다고 상상한다.
❺ 숨을 들이마시면 풍선이 부풀고, 내뱉으면 오므라드는 상상을 한다.
❻ 손을 댄 채로 호흡한다.

허밍을 해 보자

❶ 입을 다물고 '음~' 하고 허밍을 한다.
❷ 코 주변과 입술이 부르르 진동하면 OK.
❸ 큰 목소리를 내는 것이 아니라, 몸 전체에 목소리를 울리게 한다.
❹ 내뱉는 숨의 양을 늘려 음량을 올린다.
❺ 허밍을 하면서 천천히 입을 '아' 모양으로 벌린다.
❻ '아' 입 모양을 유지하고 몸 전체에 목소리를 울리게 한다.

이 연습을 하기만 해도, 목소리의 울림이 좋아지고, 다른 사람에게 잘 전달되는 또렷한 목소리가 될 수 있어요! 매일 꾸준히 연습해서, 멋진 목소리를 손에 넣어 보세요!

CHAPTER 2

실천 편

해프닝이 있어도
침착하게 극복하자

예상외의 해프닝, 어떻게 하면 좋을까?

25 수업 참관일. 갑자기 문이 열려서 발표 내용을 까먹었다!

말을 하고 있을 때 교실의 문이 갑자기 드르르륵! 열리며 어떤 친구의 어머니가 들어오셨다. 소리에 놀라서 내가 무슨 말을 하고 있었는지 잊어버렸다. 너무 창피했다!

갑작스러운 해프닝은 깜짝 놀라지요! 그만큼 여러분이 집중하고 있었다는 것이에요. 하지만 그 집중이 끊어졌을 때 어떻게 만회하면 좋을지 몰라 당황할 거예요. 예상외의 해프닝이 계속 마음속에 남아서 그 후에도 계속 심장이 두근두근할 때도 자주 있습니다. 마음을 진정시키고 다시 집중할 수 있도록 호흡을 정리하는 연습을 해 두세요.

활동: 해프닝에 강해지는 방법

갑작스러운 해프닝이 생긴다면, 우선 한숨을 쉬세요. 그리고 아래를 쳐다보지 말고 앞을 보고 미소를 지으며 심호흡을 합시다. 모두 여러분을 걱정하고 있을 거고, 다 같이 집중력이 흐트러져 있을 거예요. 심호흡하는 건, 사실 다 함께 진정하는 데도 도움이 돼요.

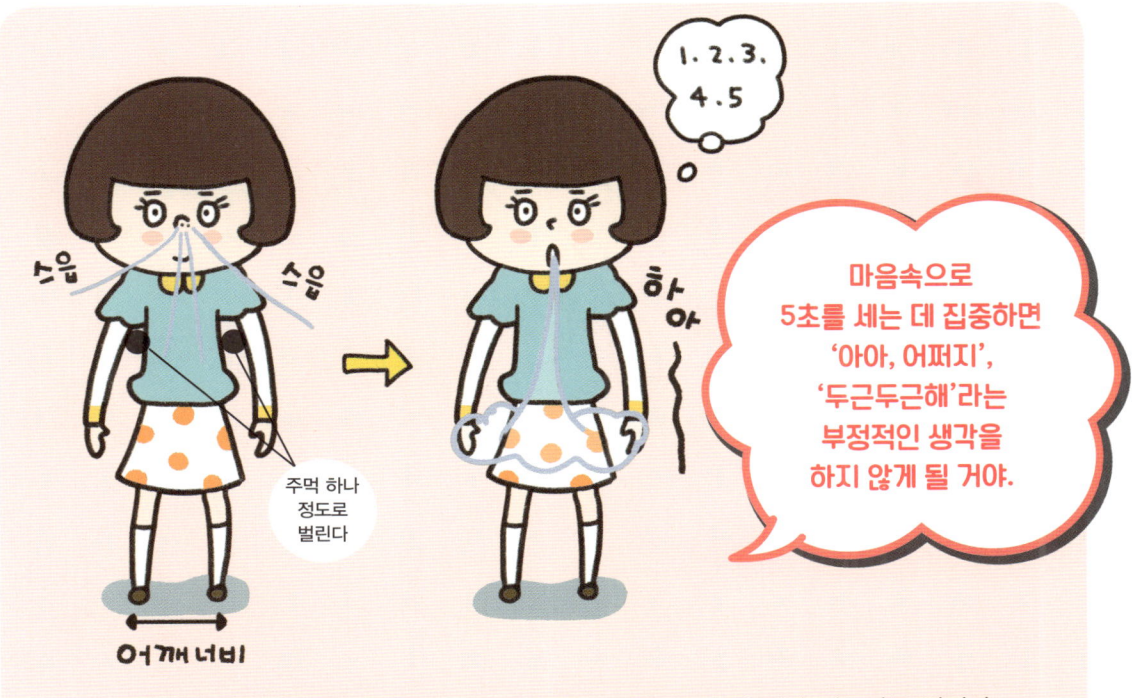

① 다리를 어깨너비 정도로 벌리고 서고, 겨드랑이 아래를 주먹 하나 정도만큼 벌린다.
② 입꼬리(입의 양 끝)를 쭉 하고 끌어올리고 미소 짓는다.
③ 미소를 지으며 숨을 전부 내뱉는다.
④ 코로 천천히 숨을 들이마시고, 마음속으로 5초를 세면서 숨을 내뱉는다.
⑤ 2~3회 반복한다.

 발표 중에 갑자기 해프닝이 일어났을 때, 이 호흡을 반 모두가 다 같이 해 봅시다. 다 같이 하면 해프닝을 당한 아이도 쓸쓸하지 않고, 반 친구들을 응원하는 마음을 가지게 될 겁니다.

예상외의 해프닝, 어떻게 하면 좋을까?

26 발표 중에 갑작스러운 질문을 받았다!

미화 위원회에서 정해진 것을 학급 회의에서 발표하자 질문을 받았다! 그런 질문이 올 거라고 전혀 생각 못 해서 정말로 깜짝 놀랐다. 어떻게 대답은 했지만, 식은땀을 흘렸다. 어떻게 하면 차분하게 대답할 수 있을까?

예상외의 질문을 받으면 깜짝 놀라지요! 특히 말하고 있는 도중에 질문을 받으면, 원래라면 대답할 수 있었던 것도 당황해서 횡설수설하기 쉽습니다. 게다가 자신의 판단만으로 대답할 수 없는 질문도 있을 거예요. 그래서 괜히 더 당황하고 맙니다. 예상외의 질문이나 바로 대답할 수 없는 질문도 자연스럽게 답할 수 있기 위해서, 발표 연습 중에 질문에 답하는 연습도 해 보세요!

활동: 갑작스러운 질문에도 자연스럽게 답하는 방법

가족과 친구에게 관객이 되어 달라고 부탁합시다. 그리고 발표 중에 끼어들어서 질문해 달라고 해 봅시다. 어떤 질문도 OK. 질문당하면 그때마다 답하도록 해요. 바로 대답할 수 없는 질문이라면 질문을 메모하면서 "지금은 대답할 수 없으므로 후에 답하겠습니다."라고 대답해요.

- 튤립의 모종을 화단에 심게 되었습니다.
- 어디 화단에 심나요?
- 중앙 정원입니다. 4학년 3반이 내일 점심시간 후에 심을 예정입니다.
- 왜 내일 점심시간 후인가요?
- 그 후 바로 체육 시간이기 때문입니다. 점심시간에 체육복으로 갈아입고, 모종을 심고 그대로 체육 수업에 들어갑니다.
- 저는 튤립보다 장미가 더 좋은데요, 왜 튤립으로 정해졌나요?
- 그 질문에는 지금 대답할 수 없으므로, 후에 알아보고 답하겠습니다.

> 예상 질문을 미리 적어 두면, 좀 더 쉽게 대답할 수 있을 거야!

원 포인트: 처음엔 바로 대답하지 못하고 아무 말도 하지 못할 수 있습니다. 말문이 막히면, "천천히 해도 괜찮아."라고 말해 주세요. 시간이 걸려도, 대답하려는 자세를 칭찬해 줍니다. 질문에 대답하는 연습을 여러 번 반복하면 발표 내용의 이해도 깊어지고 실전에도 강해집니다.

예상외의 해프닝, 어떻게 하면 좋을까?

27 깜빡하고 말하지 않은 것을 깨달았다!

발표 도중에 원고를 힐끔 보니……. 어라? 깜빡하고 말하지 않은 걸 깨달았다! 다시 한번 잊어버린 곳으로 돌아가서 하면 되나……? 그런 걸 생각하느라 발표가 멈춰 버렸다…….

하고 싶은 말을 머릿속에 확실히 넣었다 해도 실전에서 긴장하면 말하는 것을 잊어버릴 때가 자주 있어요. 그럴 때, 어떻게 하면 좋을지 몰라서 말을 멈춰 버리면, 거기서 모두의 집중도 끊어지고 말 거예요. '말하는 걸 잊었어!'라는 생각이 들어도, 발표를 듣는 사람들은 그걸 모를 겁니다. 말하는 걸 잊은 것이나 틀린 것을 눈치채도 멈추지 않고 수정하는 연습을 해봅시다.

활동: 멈추지 않고 실수를 수정하는 방법

'틀린 곳부터 고치기' 연습만 하면, 그게 버릇이 되어서 실전에서도 틀린 곳으로 돌아가고 말 거예요. 갑자기 틀린 곳으로 돌아가 고치면, 듣고 있던 사람들도 깜짝 놀라게 됩니다. 아래의 TMGG 사이클을 머릿속에 넣어, 멈추지 않고 이어서 말하는 연습을 해 봅시다.

TMGG 사이클

T 틀려도
예) 원래는 3페이지 내용이었는데 "4페이지를 봐 주세요."라고 말해 버렸다. 아, 큰일 났다.

M 멈추지 말고
예) 하지만 지금 4페이지를 설명하니까, 이 페이지가 끝나면 3페이지를 봐 달라고 하자.

G 그대로

G 계속한다

'큰일 났다. 말하는 걸 잊어버렸어.'라고 생각하는 일은 어른도 자주 겪습니다. "틀려도 괜찮아."라고 말해 주면서, 이야기를 계속하면서 수정하는 힘을 단련할 수 있도록 해 주세요. 수정력을 단련하면 해프닝에도 강해질 뿐만 아니라 설명하는 힘과 판단력도 몸에 익힐 수 있습니다.

CHAPTER 2 실천 편 해프닝이 있어도 침착하게 극복하자

예상외의 해프닝, 어떻게 하면 좋을까?

28 원고가 한 장 모자라! 어떻게든 시간을 벌어야 해

오늘은 교내 음악회의 감상문을 발표하는 발표회가 있는 날. 완벽하게 준비했다고 생각했는데, 이런……. 원고 한 장이 빠져 있었다! 한 페이지 전체가 없으니까 얘기가 이어지지 않을 텐데! 으악. 어쩌지? 무슨 얘기를 해야 해?

준비했다고 생각한 원고가 빠져 있다면, 당황해 패닉에 빠져 버릴 거예요. 실전에서 원고가 없더라도 멈추지 않고 말을 이어 나갈 수 있도록 해 봅시다. 그러기 위해서는 일부러 패닉 상황을 일으켜서 실전에 강해지는 연습을 하면 좋아요. 패닉에 대응하는 연습은 자신이 발표할 내용을 더욱 깊이 이해하고 생각할 계기가 될 수도 있습니다.

패닉에 대응하는 연습

연습 중에 일부러 해프닝을 일으켜 봅시다! 가족과 친구의 도움을 받아, 예상외의 타이밍에서 사고를 일으켜 달라고 부탁해요. 계속 연습하면 사고가 일어나도 패닉에 강해질 수 있을 거예요. 제대로 대처하지 못해도 괜찮아요. 게임처럼 몇 번이고 도전해 봅시다.

★ 이런 해프닝을 일으켜 보자

① 원고의 한 단락을 종이로 가린다.

② 누가 원고를 몰래 한 페이지 뺀다.

③ 매번 확인하는 부분을 가린다.

④ 누군가 갑자기 원고를 들어 빼앗는다.

★ 해프닝 때문에 말이 멈췄다면?

- 얘기가 멈췄다면, 그 부분을 어떻게 바꿔 말할지 생각하고 메모해 두자.
- 예를 들어, 결론 부분에서 멈췄다면, 결론을 확실히 이해하지 못했다는 증거다. 어떻게 해서 어떤 결론에 이르렀는지를 다시 한번 확인하고 결론을 자신의 것으로 만들자.

 해프닝을 일으키면 그 순간 움직이지 못하거나, '어쩌지' 하며 불안해집니다. "괜찮아, 천천히 이어 나가 보자."하고 말하고, "원고대로 하지 않아도 괜찮아. 어떤 말이 적혀 있었을까?" 하고 해프닝에 대한 대응력을 끌어내 줍니다.

무슨 일에도 동요하지 않는
내가 되고 싶어

29 발표 순서 뽑기에서 1번에 당첨되었다!

발표 순서를 뽑기로 정했는데 1번을 뽑아 버렸다! 설마 처음이 될 줄이야……. 머리가 혼란스럽고 동작도 어색해져서 발표는 대실패. 두근거림을 멈추게 하려면 어떻게 해야 해?

같은 반 친구들이 몇십 명이나 되는데 첫 번째가 되다니, 정말로 깜짝 놀랐겠네요! 하지만 그 때문에, 심장은 두근거리고 당황하여 머리가 패닉 상태에 빠지기 쉽습니다. 몸도 똑같아요. 깜짝 놀라면 몸은 긴장으로 딱딱하게 굳어 생각대로 움직일 수 없게 됩니다. 예상외의 일이 일어나도 당황하지 않기 위해 몸을 가다듬어 마음을 안정시키는 연습을 해 보아요.

활동: 몸과 마음을 안정시키는 방법

예상외의 일이 일어났을 때, '몸 열기' 연습을 해 봅시다. '가슴을 열고 어깨를 툭 떨어뜨린 상태'를 만드는 거예요. 몸이 열리면 호흡이 편안해지고 마음도 안정될 거예요. 몸으로 마음을 바꾸는 거랍니다!

① 눈을 감는다.
② 숨을 들이마실 때 몸이 부풀어 오른다는 생각을 하며 들이마신다.
③ 등이 점점 펴지는 것을 느낀다.
④ 등이 펴지면서 가슴도 점점 열린다는 상상을 한다.
⑤ 힘껏 "후우" 하고 숨을 내뱉음과 동시에 어깨를 툭 떨어뜨린다.

> 몸을 연 채로 더욱 천천히 호흡하면, 마음이 한층 더 차분해질 거야.

원포인트: 몸을 여는 연습을 하면 차분하게 발표할 수 있게 됩니다. 어깨를 떨어뜨릴 때는 등을 굽히지 않고 양팔은 겨드랑이에서 떨어뜨립니다. 10~15초 정도로도 괜찮으므로 발표 직전에 습관을 들이면 '차분하게 발표할 수 있는 나'를 만들 수 있습니다.

무슨 일에도 동요하지 않는
내가 되고 싶어

30 당황하면 안 된다고 생각했더니 패닉 상태에 빠졌다!

유진이의 발표. 정말 잘했다. 다음이 내 차례다. 유진이 뒤에 하는 거 정말로 싫다. 당황만은 하기 싫은데. 아아. 어떡해. 계속 그 생각을 했더니 점점 뭐가 뭔지 모르게 돼 버렸어!

'패닉에 빠지고 싶지 않다.'라고 생각하면 생각할수록 당황과 불안은 점점 부풀어 오릅니다. 왜냐면 '패닉에 빠지고 싶지 않다.'라고 생각할 때, 사실 '패닉에 빠진 내 모습'을 상상하기 때문이지요. 그러니까 패닉에 빠지고 싶지 않다면 발표는 생각하지 말고, 몸과 호흡에 집중합시다!

활동: 패닉 상태가 됐을 때 머리를 안정시키는 방법

'내 몸은 풍선이다.'라고 생각하면서, 몸과 연동시켜서 호흡합시다. 앉아서도, 서서도, 발표 순서를 기다리면서도 할 수 있어요. 몸과 호흡을 의식하면서 패닉에 빠진 내 모습을 상상하지 않게 되는 거예요.

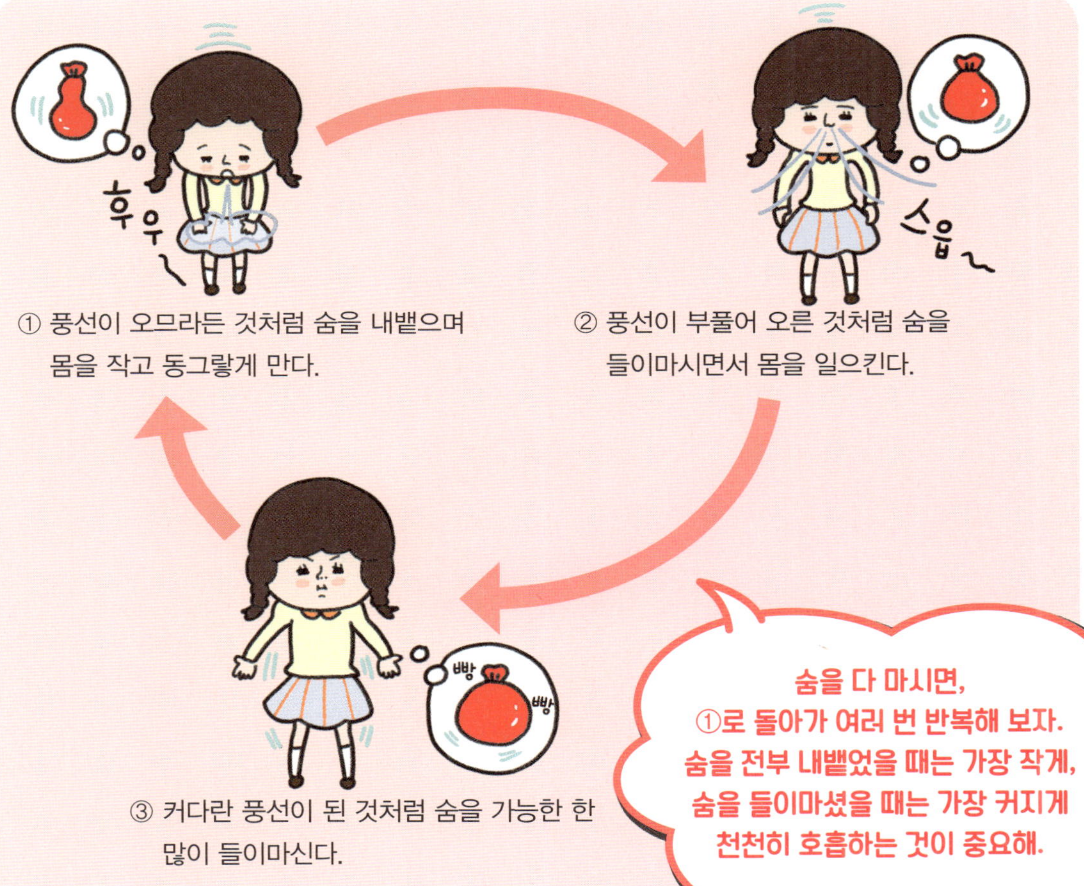

① 풍선이 오므라든 것처럼 숨을 내뱉으며 몸을 작고 동그랗게 만다.

② 풍선이 부풀어 오른 것처럼 숨을 들이마시면서 몸을 일으킨다.

③ 커다란 풍선이 된 것처럼 숨을 가능한 한 많이 들이마신다.

> 숨을 다 마시면, ①로 돌아가 여러 번 반복해 보자. 숨을 전부 내뱉었을 때는 가장 작게, 숨을 들이마셨을 때는 가장 커지게 천천히 호흡하는 것이 중요해.

원 포인트: 이 운동은 몸을 따끈따끈하게 열을 내는 작용을 합니다. 혈액 순환이 좋아지면서 머리가 식는 것이지요. 그 결과, 머리가 패닉에 빠지는 것을 막고 차분한 상태에서 발표 순서를 맞이할 수 있습니다. 어디에서든 할 수 있으므로 반드시 내 것으로 만들어 보세요.

무슨 일에도 동요하지 않는
내가 되고 싶어

31 원고를 제대로 넘기지 못해서 당황해 버렸다!

오늘은 그룹 발표하는 날. 중간까지 잘했는데 원고 종이가 딱 붙어서 잘 안 넘어가!! 이상한 틈이 생긴 것 같아서 패닉에……. 왜 금방 패닉에 빠지는 걸까?

패닉에 빠지기 쉬운 사람과 패닉에 잘 빠지지 않는 사람이 있어요. 패닉에 빠지기 쉬운 사람은 실패와 예상외의 사건에 대해 공포심이 강하고 극단적으로 싫어하는 경향이 있습니다. 또 너무 집중해서 주변 상황을 냉정하게 판단하지 못하여 패닉에 빠지는 경우도 많아요. 자신이 패닉에 빠지기 쉬운 타입이라고 느꼈다면 한 번에 여러 동작을 하는 연습을 해 보세요.

활동: 트러블에 냉정하게 대처하는 방법

발표란 얘기를 하면서 원고를 넘기거나 자료를 가리키는 등 다양한 동작을 동시에 진행합니다. 그래서 몇 가지 일을 동시에 하는 연습을 해 봅시다. 계속하다 보면 트러블에도 냉정하게 대처할 수 있게 될 거예요.

① 교과서와 노트, 연필을 준비한다.
② 교과서를 적당히 펼치고 그 페이지를 노트에 옮겨 적는다.
③ 옮겨 적으면서 누군가와 수다를 떤다.
④ 패닉에 빠질 것 같다면, 모든 동작을 멈추고 한숨을 쉰 후 다시 이어서 해 보자.

> 옮겨 적는 손이 멈추면 안 되고, 수다도 멈추면 안 돼.

원 포인트

트러블에 익숙해지고 행동을 냉정하게 정리하는 힘을 단련하는 훈련입니다. 얘기하면서 칠판에 키워드를 적거나, 발표 자료를 붙이는 등, 이제까지 동시에 하지 못하고 중간에 끊어서 하던 것들을 할 수 있게 됩니다. 발표를 원활하게 하는 힘을 기를 수 있습니다.

무슨 일에도 동요하지 않는
내가 되고 싶어

32 발표 중에 친구와 눈이 마주치면 갑자기 부끄러워진다

아아. 오늘은 내가 당번이다. 나, 당번하는 거 너무 어려워. 교실 앞에 서야 하니까. 지난번에는 시간표를 부르다가 맨 앞줄에 앉은 현수와 눈이 딱 마주쳐서 갑자기 부끄러워져서 나도 모르게 바닥을 보고 말았어.

생각지도 못했을 때 다른 사람과 눈이 마주치면 갑자기 부끄러워져서 당황하고 맙니다. 그대로 쭉 시선을 맞추는 것도, 슥 하고 시선을 피하는 것도 왠지 실례인 것 같지요. 게다가 어디를 보면 좋을지 모르니까 더욱 당황하고 맙니다. 그럴 때, 실전에서 실제로는 눈을 마주치지 않았지만, 눈앞의 사람이 '눈을 마주치고 있다'고 생각하게 하는 약간의 기술을 써 보아요.

활동 능숙하게 청자를 보는 방법

눈이 마주쳤을 때 부끄럽다면 '이마로 사람들을 보자.'라고 의식하면, 차분하게 말할 수 있을 거예요. 이마를 사람들 쪽으로 향하도록 하고 좌우로 움직이면서 얘기하는 거예요. 시선은 똑바로 앞을 봐도 괜찮아요. 그래도 사람들은 자신을 바라보고 있다고 느낄 거랍니다.

✦ 평소처럼 눈만 움직인다

① 양팔을 앞으로 내밀어 어깨너비보다 조금 넓게 벌리고, 양손의 검지를 세운다.
② 좌우의 검지를 눈으로만 좌→우→좌→우로 순서대로 본다.

✦ 이마를 움직인다

① 이마의 정중앙에서 레이저 빔이 나온다고 상상한다.
② 시선은 똑바로 앞을 향한 채, 레이저 빔을 검지에 맞추듯이 순서대로 이마를 움직인다.

이마를 청자 쪽으로 향하면 얼굴이 크게 좌우로 흔들리기 때문에 청자는 자신과 눈이 마주쳤다고 느낍니다. 또한, 멀리에서도 발표자의 움직임이 잘 보이게 됩니다. 하지만 발표자 자신은 이마에 의식이 가 있어서 청자를 너무 의식하지 않게 되는 것입니다.

무슨 일에도 동요하지 않는
내가 되고 싶어

33. 쿵! 필통이 바닥에 떨어지는 소리에 깜짝 놀라서 내용을 잊어버렸다!

학급 회의 사회를 하고 있었는데, 쿵! 하고 갑자기 큰소리가. 민지가 필통을 떨어뜨린 것 같다. 너무 깜짝 놀라서 심장이 두근두근. 내용을 잊어버렸다. 어떻게 하면 진정하고 사회를 계속할 수 있을까?

필통이 떨어지는 소리가 의외로 크게 울려서 깜짝 놀랐겠네요. 깜짝 놀라면 심장이 두근두근하지요. 이 두근거림은 실은 긴장했을 때 느끼는 두근거림과 같은 거예요. 그러니까 실제로 긴장하지 않았더라도, 깜짝 놀라면 몸이 긴장한 것으로 착각해서 제멋대로 몸에 힘이 들어가는 거지요. 그 결과 당황해서 말할 내용을 잊어버린 겁니다. 깜짝 놀라도 바로 냉정해질 수 있도록 연습해 보아요.

활동 깜짝 놀라도 냉정함을 유지하는 방법

깜짝 놀라도 바로 냉정해질 수 있도록 풍선을 써서 연상 퀴즈 게임을 해 봅시다. 언제 터질지 모르는 긴장감 속에서 냉정하게 말을 하는 힘을 기를 수 있을 거예요. 게임처럼 재밌게 즐기며 해 봅시다.

① 풍선을 분다.
② 풍선에 셀로판테이프를 많이 붙인다.
③ 셀로판테이프를 순서대로 떼면서 연상 게임을 한다.
④ 풍선이 터져도 연상 게임을 계속하자!

연상 게임은 말을 끌어내는 연습에도 안성맞춤입니다. 가능한 한, 게임처럼 진행해 주세요. 말문이 막히더라도 "파이팅!" 하고 응원해 주고, 풍선이 터지더라도 "다시 한번 더 하자!"라고 말해 주며 '터진다=실패'라고 느끼지 않도록 해 주세요.

발표 중 불안을 극복하고 싶어

34 맙소사! 같이 하기로 한 짝이 결석······. 혼자서 발표라니 못 해

오늘 국어 시간에 감상 발표를 했다. 원래 함께 발표하기로 했던 태연이가 갑자기 감기로 결석했다. 그래서 갑자기 불안해져서 발표는 대실패······. 태연이의 몫까지 제대로 발표하고 싶었는데.

갑자기 혼자서 발표하게 된다면 불안할 거예요. '둘이서 발표하기' 등, 누군가와 함께 발표하는 것이 미리 정해지면 무의식중에 상대방에게 의지하게 됩니다. 그래서 상대방의 존재를 든든하다고 느끼는 한편, 상대방이 없어졌을 때 혼자서 대처할 수 없게 될 가능성도 높아지는 것이지요. 연습 단계에서 서로 혼자서도 발표할 수 있도록 미리 연습해 두는 것이 중요합니다.

활동 갑자기 혼자가 되어도 연습의 성과를 내는 방법

혼자가 되면 불안한 것은 상대방의 역할을 잘 외우지 않아서, 상대의 담당 부분이 오면 어떻게 해야 할지 모르기 때문입니다. 동작, 말할 내용 등, 서로의 역할을 완전히 교대하며 연습을 해 봅시다. 어떤 질문을 받을지 미리 예상하면서 연습하면 좋을 거예요.

① 원고를 교환한다.
② 서는 위치도 말하는 타이밍도 전부 상대방을 따라 한다.
③ 역할을 교대한 채로 서로에게 질문하고, 거기에 대답하는 연습을 한다.
④ 혼자서 모든 발표 내용을 할 수 있도록 연습한다.

역할을 교대해서 연습하면 상대방의 담당 부분도 파악할 수 있을 뿐만 아니라, 자신의 담당 부분도 객관적으로 볼 수 있습니다. 이 연습을 함으로써, 상대방이 틀렸을 때 등 돌발적인 상황에서 재빠르게 대처할 수 있게 됩니다.

발표 중 불안을 극복하고 싶어

35 모두의 시선을 한몸에 받아서 몸이 굳었다

학생회장 선거 연설에서 사람들 앞에 서니까……. 와아. 다들 나를 보고 있어. 그것만으로도 몸이 굳어 버렸다. 사실 자유롭게 몸짓과 손짓을 넣어서 발표하고 싶었는데. 어떻게 하면 좋을까?

모두의 시선을 한 번에 받으면 엄청나게 긴장이 되지요. 그러면 몸은 자신을 지키려고 해서 뭘 해도 몸이 굳고 말 거에요. 이건 방위 반응이라고 하는데, 누구에게나 있는 아주 당연한 반응입니다. 하지만 모두의 시선을 받지 않고 연설하는 건 있을 수 없는 일이겠지요. 긴장해서 몸이 딱딱해지기 전에 스트레칭을 해 보세요! 단순한 스트레칭이 아니에요. 조용한 해변에 있다는 상상을 하면서 해 보는 거예요!

실전에 들어가기 전 긴장을 푸는 방법

우선 몸을 풀고 나서 사람들 앞에 서 봅시다. 단순히 몸을 뻗는 게 아니라, 조용한 해변을 상상하면서 스트레칭을 하는 게 포인트. 마음이 차분해지고, 몸이 풀리면서 사람들 앞에 나설 용기가 생겨날 거예요. '이미지 스트레칭'에 도전해 보자.

★ Let's 상상!

지금 여러분은 조용한 바닷가에 있어. 주변에는 아무것도 없고 철썩하고 파도 소리만 들려. 모래사장은 따뜻하고 바닷바람은 기분이 좋아.

★ 이미지를 떠올렸다면 스트레칭을 하자

① 긴장해서 올라간 어깨를 빙글빙글 돌린다.
② 머리를 좌우로 비스듬하게 늘려 주면서, 목의 긴장을 푼다.
③ 손목도 굳기 쉬우니까, 흔들흔들 흔들어 준다.

 이미지 스트레칭은 앉아서도, 서서도 할 수 있습니다. '사람들 앞에서 말한다'는 것만 의식하면 긴장한 채로 스트레칭을 해야 하므로, 몸은 충분히 릴랙스할 수 없습니다. 상상하는 힘을 이용하여 몸을 풀어지기 쉽게 만듭니다.

발표 중 불안을 극복하고 싶어

36 교실의 어디를 보고 말해야 할지 모르겠어

제출물 발표날. 선생님께서 "교실을 구석구석까지 보면서 설명해 보자."라고 말씀하셨다. 하지만 대체 어디를 보면 되는 거지? 결국, 평소처럼 손 주위만 보고 발표하고 말았다……

발표할 때, 손 주위의 원고가 아니라 얼굴을 들고 교실 전체를 볼 수 있다면 친구들도 여러분의 이야기를 듣기 쉬워질 거예요. 하지만 교실의 이쪽저쪽을 보면, 두리번두리번하는 것 같아서 오히려 부산스럽다고 느껴질 수 있어요. 교실처럼 넓은 곳에서 발표할 때는 미리 시선을 둘 포인트를 몇 군데 정해 두고 그 포인트를 순서대로 보면서 하면 좋을 거예요.

활동 교실 전체를 능숙하게 보는 방법

교실의 맨 앞줄 중앙, 맨 뒷줄 중앙, 우측 중앙, 좌측 중앙, 이렇게 4개의 포인트를 정점으로 마름모꼴이 있다고 상상해 봅시다. 그리고 천천히 얼굴을 움직이면서 4개의 정점을 순서대로 보는 거예요. 그렇게 하면 결과적으로 모두의 얼굴을 보는 것처럼 보일 거예요.

시선을 보낼 때 미소를 지어 주거나 끄덕여 주는 친구가 있다면, 그냥 지나치지 말고 그 친구를 보고 같이 미소를 짓거나 끄덕여 주자.

① 좌석을 떠올린다.
② 좌석의 맨 앞줄 중앙, 맨 뒷줄 중앙, 우측 중앙, 좌측 중앙에 각각에 앉아 있는 친구를 표적으로 삼자.
③ 표적을 향해 천천히 순서대로 얼굴을 움직이면서 시선을 보내자.
④ 익숙해지면 시선을 보내는 순서를 바꿔 보자.

발표자가 자신을 봐줄 때 청자는 끄덕이거나 미소로 화답하여 응원하는 규칙을 만들어 두면, 반응하기도 쉬워지고 발표의 분위기도 좋아집니다. 발표하는 아이는 72페이지(항목 32)와 함께 따라 해 보면 더욱 효과적입니다.

발표 중 불안을 극복하고 싶어

37 모두의 반응이 시원찮다. 내 얘기, 재미없어?

문화제 회의에서 사회를 봤는데……. 모두의 얼굴을 보니 왠지 지루해 보인다. 중간에 "질문 있는 사람 있습니까?"라고 물어봐도 아무도 손을 들지 않았고. 내 이야기, 재미없는 걸까……?

자신이 얘기할 때, 다른 사람의 반응이 신경 쓰이지요. 다들 아무 말 없이 정색하거나 무표정이면 내 얘기를 듣고 있는지, 내 얘기가 재미없는 건 아닌지, 이런 생각이 드는 건 당연합니다. 하지만 사실은 의외로 모두 제대로 얘기를 듣고 있어요. 정말로 그런지, 자신의 얼굴로 확인해 보아요.

활동: 상대방의 반응에 현혹되지 않는 방법

세울 수 있는 거울을 준비하여 자신의 얼굴을 체크해 봅시다.

① TV를 보자. 거울을 옆에 두고, 중간중간 자신의 얼굴을 봐 보자. 어떤 얼굴을 하고 있어? TV 내용을 제대로 듣고 있는데 정색하거나 무표정을 짓지 않았니?

> 의외로 표정이 없다는 걸 알게 될 거야. 뉴스 방송에서는 재밌는 장면이 나오면 웃지만, 그 외의 장면에서는 제대로 듣고 있는데도 지루한 얼굴을 하고 있어. 그건 여러분의 발표를 듣고 있는 사람들의 표정도 마찬가지야.

- 양어깨를 움츠리고 무표정을 한다
- 겨드랑이를 꽉 붙인다
- 어깨를 풀고 얼굴은 방긋 웃는다
- 겨드랑이 사이를 탁구공 크기 정도로 벌린다

② 거울을 눈앞에 두고 1분 동안 자신을 바라보자. 각각 어떤 식으로 보였는지, 어떤 차이가 있었는지 적어 보자.

> 긴장한 너와 편안한 너의 모습이 보였을 거야. 화자가 긴장하면 청자도 긴장하게 돼. 청자가 편안할 것 같은 쪽은 어느 쪽일까? 그다지 리액션이 없어 보여도, 발표할 때는 편안하게 말하도록 하자.

원 포인트: 얘기를 들으며 반응하고 있다고 생각했는데, 상대방에게는 생각보다 잘 전달되지 않습니다. 먼저 말하는 아이가 '상대방은 듣고 있어도 무표정이나 정색할 때가 있다.'라는 인식을 가지는 것이 중요합니다. 그러면 자신이 들을 차례가 되었을 때 '반응하도록 하자!'라는 마음을 가지게 됩니다.

발음 단련하기 대작전!

발음이 나쁘면 청자는 '무슨 말을 하는지 모르겠어.'라는 개운치 않은 기분이 들어서 듣는 것에 집중할 수 없어요.

혀도 입 주위도 전부 근육으로 이루어져 있습니다. 갑자기 전속력으로 뛰려고 하면 몸이 생각처럼 잘 움직이지 않는 것과 같이, 혀와 입 근육도 갑자기 말하려고 하면 생각대로 움직이지 않으므로 발표 전에는 반드시 발음 연습을 해 주세요.

가장 간단한 발음 연습

가기구게고	기구게고가	구게고가기	게고가기구	고가기구게
나니누네노	니누네노나	누네노나니	네노나니누	노나니누네
다디두데도	디두데도다	두데도다디	데도다디두	도다디두데
라리루레로	리루레로라	루레로라리	레로라리루	로라리루레
마미무메모	미무메모마	무메모마미	메모마미무	모마미무메
바비부베보	비부베보바	부베보바비	베보바비부	보바비부베
사시수세소	시수세소사	수세소사시	세소사시수	소사시수세
아이우에오	이우에오아	우에오아이	에오아이우	오아이우에
자지주제조	지주제조자	주제조자지	제조자지주	조자지주제
차치추체초	치추체초차	추체초차치	체초차치추	초차치추체

❶ 위의 표를 천천히 한 음씩 정확하게 읽는다.
❷ 두 배 속도로 정확하게 읽는다.
❸ 발음하기 어려웠던 것에는 표시를 해 둔다.
❹ 표시해 두었던 것을 다시 한번 연습한다.
❺ 전체를 여러 번 반복하여 읽는다.

- 입을 의식해서 크게 벌려 발음하자!
- 웃는 얼굴로 소리 내어 읽는다고 의식하면, 소리가 더 깨끗해질 거야.
- 얼굴이나 입 주변이 피곤하다면 제대로 연습했다는 증거.

매일 꾸준히 해 보세요. 1개월 정도 꾸준히 하면 발음하기 어려웠던 부분도 술술 읽을 수 있게 될 거예요. 자신의 성장을 기대하면서 연습해 보세요.

CHAPTER 3

응용 편

모두의 반응을 끌어내어
발표 분위기를 띄우자

모두의 반응을 끌어내자

38 '틈'을 만들면, 청자는 끄덕이기 쉽다!

나는 긴장하면 점점 말이 빨라진다. 발표 같은 걸 할 때는 단숨에 말해 버리고 만다. 문득 정신을 차리고 모두를 보면 왠지 반응이 적은 것 같다……. 어떻게 하면 모두의 반응을 끌어낼 수 있을까?

발표할 때 모두가 끄덕이거나 미소를 지으면 기쁘고 안심이 됩니다. 친구와 얘기할 때를 떠올려 보세요. 친구의 의견이나 감상을 듣고 싶을 때, 자연스럽게 상대방의 말을 기다리지 않나요? 이 '기다리는 시간'을 '틈'이라고 합니다. 발표할 때도 '틈'을 잘 만들면서 이야기하면 모두의 반응을 끌어낼 수 있을 거예요.

> **활동** 능숙하게 틈을 만드는 방법

틈을 만드는 연습을 해 봅시다. 틈을 너무 의식하면 '이상한 틈이 생긴 건 아니겠지?' 하고 불안해질 수도 있어요. 하지만 집요하게 틈을 만들어도 전혀 문제가 되지 않아요.

★ 모든 문장에 모든 사람이 끄덕여 준다고 생각하고 틈을 만들어 보자. 틈의 길이는 자신이 끄덕일 수 있는 정도를 기준으로 하자.

오늘은 제가 기르는 개의 이야기를 하겠습니다.
> 틈을 만든다. 마음의 목소리: '와! 개다! 정말 좋아'

개의 이름은 '초콜릿'입니다.
> 틈을 만든다. 마음의 목소리: '귀여운 이름이다'

초콜릿이라는 이름은 사실 아빠가 지어 준 것입니다.
> 틈을 만든다. 마음의 목소리: '뭐? 아빠가? 의외다. 깜짝 놀랐어!'

💬 실제로 스스로 끄덕여 보거나, 마음속으로 공감하는 대사를 말하면서 연습하면 틈의 감각을 알 수 있게 될 거야.

원 포인트 3~5초 정도라면 틈이 생겨도 이상하지 않습니다. 청자는 시계로 시간을 재거나, 실제로 고개를 끄덕여 주면서 틈을 만드는 감각을 파악할 수 있게 도와줍니다. 얘기하는 아이에게는 길게 느껴지더라도, 청자에게는 자연스러운 시간이라는 점을 알려 주세요.

모두의 반응을 끌어내자

39 반응을 해 주면 3배로 갚자

"2학기 목표는 이걸로 괜찮은가요?"라고 물었더니, 모두가 크게 고개를 끄덕여 주었다. 안심도 되고 정말 기뻤다. 하지만 모두의 끄덕임에 어떻게 대답하면 좋을까? 방긋하고 웃는 것만으로도 괜찮을까?

일상 대화는 서로에게 반응하는 것으로부터 성립합니다. 친구에게 "실은 좋아하는 아이가 있는데……."라고 상담했는데, "아아" 하고 지루한 듯한 반응을 보이면 슬플 거예요. "뭐! 진짜? 누구? 누구?"라고 깜짝 놀라면서 미소로 되물어 준다면, 기뻐서 다음을 얘기하고 싶어질 거예요. 발표도 마찬가지입니다. 반응을 3배로 돌려주면 발표 분위기는 더욱 좋아질 거예요!

활동: 발표의 분위기를 3배 좋게 만드는 방법

친구에게 반응이 있다면 그 아이에게 3배 큰 반응으로 돌려줍시다. 그 아이는 '나를 보고 말해 주는 거구나!'라고 느껴서, 여러분의 발표를 더욱 열심히 들어주게 될 거예요.

★ **태연이가 끄덕여 줬다!**
▼
태연이 쪽을 보고 3배 더 크게 끄덕인다
'응응' 3배 돌려주기!

★ **예지가 방긋 웃으며 들어 주고 있어!**
▼
예지 쪽을 보고 3배 더 큰 미소를 지으며 "응, 응." 하고 끄덕이면서 발표를 계속하자
'방긋 방긋' 3배 돌려주기!

★ **현수가 "우와~" 하고 놀랐다!**
▼
현수 쪽을 보고 "그렇습니다!"라고 3배 큰 목소리로 대답하자
'큰 목소리' 3배 돌려주기!

> 여러분이 적극적으로 청자에게 반응을 돌려주면, 모두가 '(여러분의 발표 중에) 반응해도 괜찮구나.'라고 느끼고, 안심하고 더 큰 반응을 해 줄 거야!

원 포인트: 청자가 반응하기 쉬운 발표는, 화자가 청자의 작은 반응에도 화답하는 것에서 시작됩니다. 우선은 청자의 끄덕임을 놓치지 않고 그것에 대답하는 것부터 도전하고, 조금씩 청자들과 서로 반응을 주고받을 수 있도록 합니다.

모두의 반응을 끌어내자

40 활기찬 기운을 유지하여 끝까지 분위기를 띄워 보자!

발표를 시작할 때는 항상 기운 넘치게 시작할 수 있다. 하지만 5분 정도 지나면, 모두에게 반응이 없는 것 같은 기분이 들어서 나도 점점 기운이 없어진다. 마지막까지 기운 넘치게 발표하려면 어떻게 하면 좋을까?

발표하면서 주변을 신경 쓰지 않고 계속해서 활기찬 기운을 유지하는 것이 중요합니다. 왜냐면 청자의 반응이라는 건, 발표하는 사람의 기운에 맞춰 올라가기도 하고 내려가기도 하기 때문이에요. 여러분의 기운이 떨어져 버리면 청자의 반응도 나빠지고, 반대로 마지막까지 좋은 기운을 유지한다면 청자도 마지막까지 좋은 반응을 돌려줄 거예요.

활동 모두의 텐션을 높이는 방법

텐션은 눈에 보이지 않아요. 하지만 자신의 텐션이 높은지 낮은지는 그때의 느낌으로 바로 알 수 있어요. 게다가 텐션은 컨트롤할 수 있지요. 가능한 한 텐션을 높게 유지하는 연습을 해 봅시다.

★ 어떤 경우, 어떤 텐션 레벨?

① 0~5까지 눈금이 있는 자동차의 속도 측정기를 떠올린다.
② 언제, 텐션이 가장 높은 레벨 5가 되는지, 언제 가장 낮은 레벨 0이 되는지, 각각의 텐션을 적는다.

★ 텐션 레벨 0
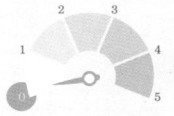
(예) 아침부터 엄마에게 혼났을 때

★ 텐션 레벨 1
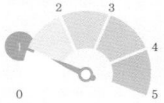
(예) 선생님께서 숙제를 많이 내 주셨을 때

★ 텐션 레벨 2
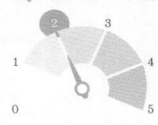
(예) 멍하니 있을 때

★ 텐션 레벨 3
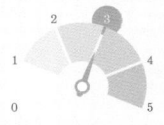
(예) 좋아하는 간식이 나왔을 때

★ 텐션 레벨 4
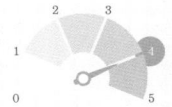
(예) 친구와 즐겁게 얘기할 때

★ 텐션 레벨 5
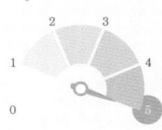
(예) 좋아하는 아이돌을 가까이에서 봤을 때

> 텐션 레벨을 3 이상으로 유지하면, 청자가 반응하기 쉬울 거야.
> 텐션 레벨 3 이상 칸에 적은 것을 했을 때의 감각이나
> '즐거워!'라는 기운을 떠올리면서 발표 연습을 하자.

원포인트

텐션에는 개인차가 있습니다. 언제, 어떤 텐션이 되는지를 써 두면 자기 나름의 기준치를 정할 수 있게 됩니다. 자신의 감각과 객관적인 인상에는 차이가 있습니다. 그 차이를 조금씩 메워 나가듯이 연습하면 좋을 것입니다.

모두의 반응을 끌어내자

41 '유도하기'를 통해 모두에게 참가 의식을 갖도록 하자

자유 연구 발표에서 "질문 있나요?"라고 묻자 썰렁해졌다. 좀 더 편하게 질문해 주길 바랐는데. 어떻게 하면 발표 분위기를 끌어올릴 수 있었을까?

모두에게 '나도 발표에 참여하고 있다', '그냥 듣기만 하는 게 아니다'라는 참가 의식을 갖게 하는 것이 중요합니다. 발표를 시작할 때나 모두에게 반응을 얻고 싶을 때는, 질문을 해서 손을 올리게 하거나, 고개를 끄덕일 수 있도록 합시다. 이것을 '유도하기'라고 합니다. 일제히 반응할 수 있도록 하면 손을 올리기 쉬운 분위기를 만들 수 있어요.

활동 **반응하기 쉬운 분위기를 만드는 방법**

모두가 일제히 반응할 수 있는 '유도하기'를 하면 청자의 참가 의식이 확 올라가고, 그 후에는 반응하기 쉬워질 거예요. 발표 연습 중에, 어디에서·어떤 '유도하기'를 할 수 있을지 생각해 봅시다.

★ 발표하는 내용 중에, 모두가 일제히 손을 올릴 수 있을 법한, 고개를 끄덕일 법한 화제가 없는지 찾아서 적어 보자.

- 모두가 모를 것 같은 내용
- 모두가 알고 있는 내용
- 좋아요/싫어요로 대답할 수 있는 것
- 네/아니요로 대답할 수 있는 것

에 대해서 질문하는 것이 포인트야.

★ 발표 연습을 할 때, 실제로 유도하기를 해 보자.

흥부와 놀부 이야기를 알고 있는 사람은 손을 들어 주세요.

고맙습니다. 모두 알고 있군요. 오늘은 흥부와 놀부 등 유명한 우리나라의 전래 동화에 관해 이야기하겠습니다.

"○○에 대해 어떻게 생각합니까?"라고 물으면, 모두 어떻게 대답해야 할지 망설일 거야. "○○한 사람, 손을 들어 주세요." 등, 모두가 해 주길 바라는 행동을 정확하게 부탁하는 게 포인트야.

유도를 능숙하게 하면, 발표 분위기가 올라갈 뿐만 아니라 청자의 자세도 좋아집니다. 처음에는 누구에게나 '쑥스러움'이 있습니다. 유도에 어른이 적극적으로 참여하면, 아이도 안심하고 유도에 응할 수 있게 될 겁니다.

모두의 반응을 끌어내자

42 퀴즈로 조금 더 의견을 나누기 쉽게 만들어 보자

학급 회의에서 올해의 학예회 주제에 관해 의논하고 있다. 끄덕이거나 손뼉을 치는 작은 반응은 있지만, 의견이 좀처럼 나오지 않는다. 좀 더 의견을 자유롭게 낼 수 있는 분위기를 만들고 싶은데 어떻게 하면 좋을까?

아무리 좋은 의견이라도 그것을 스스로 발표하는 건 굉장히 용기가 필요하지요. 의견을 내기 쉬운 분위기를 만들기 위해서는 워밍업이 필요합니다. 누군가에게 퀴즈 형식으로 질문하고 답변을 받으면서, 반 친구들이 의견을 말하기 쉬운 분위기를 만들 수 있어요. 앞으로 말할 내용에 관계가 있는 것 중에서 '이거라면 다들 대답할 수 있겠지!'라는 질문을 생각해 보아요!

활동 의논을 활발하게 하는 방법

의논 초반에 의제에 관한 퀴즈를 내 봅시다. 어떤 것에 관해 얘기하면 될지 모두가 이해하기 쉬워질 거예요. 그리고 퀴즈에서 손을 들거나 대답하면, 이후에 어려움 없이 의견을 낼 수 있을 거예요.

① 누구든 대답할 수 있는 질문을 한다

우리가 사는 여기는 무슨 시일까요?

오늘의 급식 메뉴는 무엇일까요?

담임 선생님의 성함은 무엇인가요?

② 대답할 사람을 지명한다

민지야, 우리가 사는 여기는 무슨 시일까?

③ 대답하면 감사 인사를 한다

민지야, 고마워.

> 간단한 퀴즈라면 다들 적극적으로 대답해 줄 것이고, 대답할 사람을 지명하면 반드시 답을 받을 수 있겠지. 대답을 받았다면, 그 아이의 이름을 부르며 감사 인사를 하자. 신뢰가 쌓여서 교실 분위기가 좋아질 거야.

원포인트

퀴즈에 답하면서, '사람들 앞에서 자신의 의견을 말하는 것'에 익숙해질 수 있습니다. 또 퀴즈를 내면 다른 사람은 '나도 질문받을 수도 있겠다'라는 의식이 생겨나서 더욱 주의 깊게 이야기를 듣게 되므로, 의논을 활성화시킬 수 있습니다.

모두를 즐겁게 하자

43 대화를 넣어 드라마틱하게 설명해 보자!

여름 방학에 유진이와 축제에 갔던 얘기를 '추억 발표회'에서 발표했는데, 잘 전해지지 않은 것 같다. 유진이가 얘기하면 다들 엄청 재미있어 하고 분위기도 좋았는데. 왜 내 얘기에는 반응이 좋지 않았던 걸까?

시간의 흐름에 따라 사건을 설명하기만 한 건 아니었을까요? 그렇다면 모두 축제의 상황이나 즐거운 분위기를 떠올리지 못하므로 결과적으로 그다지 분위기가 띄워지지 않을 수 있어요. 축제에서 얘기한 대화를 그대로 발표 안에 넣어 보아요! 모두 여러분의 얘기에 빠져들어서, 계속 얘기를 듣고 싶어 할 거예요.

활동 : 드라마틱하게 말하는 방법

아래 두 가지 예 중 어느 쪽이 '엄청나게 무서운 화난 엄마'를 상상하기 쉬울까요? 실제 대화를 넣어서 설명하면, 발표 내용이 생생하게 느껴질 거예요.

★ 특히 모두에게 전하고 싶은 부분을 대화로 말해 보자

· 대화 형식으로 하는 건, 특별히 전하고 싶은 부분으로 한정하자. 감정을 최대한 나타낼 수 있도록 하자.

★ 목소리를 내서 연습하자

· 대사에 맞춰 몸의 방향을 바꿔 보자. 누가 얘기하고 있는지 알기 쉬울 거야.
· 체험을 떠올리고 그때의 감정으로 말하면, 현장감 넘치는 발표를 할 수 있어!

설명할 때 청자는, 개요는 이해했어도 현장감을 느끼기 어렵습니다. 하지만, 대화를 끼워 넣으면 청자도 상상할 수 있고, 이야기에 흥미를 느끼게 됩니다. 말하는 사람도 그때의 감정을 떠올리기 쉬워지기 때문에 현장감 넘치게 말할 수 있습니다.

모두를 즐겁게 하자

44 인사 방법을 연구하여 반응을 끌어내 보자

교류회 사회를 보았다. 모처럼 다 같이 모인 자리니까 분위기를 띄워 보려고 힘차게 "안녕하세요!"라고 인사했지만……. 왠지 모두의 반응이 미지근했다. 어떻게 하면 좋았을까?

힘차게 인사를 했지만, 반응이 미지근할 때가 있지요. 그건 '나 혼자만 큰 목소리로 인사하면 부끄러운데', '어? 다들 인사 안 하네? 괜찮은 건가?'처럼 다들 왠지 목소리를 내기 어렵다고 느꼈기 때문이에요. 우선, 모두를 안심시키는 것부터 시작해 보세요. 말의 마지막 음(어미)을 어떻게 내는지 연구해 보면 친구의 반응이 변화할 거예요.

활동 친구의 반응을 끌어내는 인사 방법

같은 '안녕하세요'라도, 어미를 어떻게 하는지에 따라 반응하기 쉽기도 하고 어렵기도 해요. 평소 크기로 "안녕하세요."라고 말하면, 분명 같은 정도의 크기로 대답이 올 거예요. 하지만 "여러분, 안녕하세요~~~~!"라고 마지막 '요'를 기운 넘치게 음을 올려 늘여서 말하면, 청자도 기운 좋게 대답하고 싶어질 거예요.

★ **다양한 목소리의 크기와 말투로 '안녕하세요'라고 말해 보자. 반응하기 쉬운 목소리의 크기, 말투를 찾아보자.**

① 중얼거리듯 "안녕하세요."

어떤 느낌?

② 빠르게 "안녕하세요."

어떤 느낌?

③ 어미를 늘려서 "안녕하세요오."

어떤 느낌?

④ 세게 힘을 줘서 "안녕하세욧!"

어떤 느낌?

⑤ "요 ~~!" 라고 어미를 살짝 늘여서 힘차게 "안녕하세요 ~!"

어떤 느낌?

> 이외에도 어떤 식으로 하면 모두가 반응하기 쉬울까?

원 포인트 상대방의 반응을 컨트롤할 수 없지만, 반응을 유도할 수는 있습니다. 첫 번째 인사로 그다지 반응이 없었다면, 다시 한번 "안녕하세요!"라고 유도해 보세요. 청자도 '리액션해도 되는구나'하고 안심하고, 반응하기 쉬워질 겁니다.

모두를 즐겁게 하자

45 조원을 교실에 배치하여 분위기를 띄우자!

현장 견학 그룹 발표회. 우리 조는 한 사람이 한 장씩 포스터를 그려서 발표하기로 했다. 연습할 때 보니, 다들 자신이 발표할 때 이외에는 할 일 없이 손 놓고 있었다. 다른 아이들도 마찬가지인 것 같다. 무슨 좋은 방법 없을까?

그룹 발표는 조원이 줄줄이 교실 앞에 나가서 발표할 때가 많지만, 자신의 차례가 아닌 아이는 아무것도 하지 않고 그저 서 있는 경우가 많습니다. 그러면 듣는 아이들은 발표 내용에 반응하기 어려워지지요. 모두를 참여시켜 발표 분위기를 띄우기 위해서, 발표를 듣는 아이들 속에 조원을 배치하면 청자도 적극적으로 반응하기 쉬워질 거예요.

활동: 조원 모두가 발표 분위기를 띄우는 방법

교실 앞뒤로 나누어 서 봅시다. 자기 차례가 아닌 아이는 조원의 발표에 적극적으로 반응하여 분위기를 띄워 봅시다. 발표 중인 조원과 얘기를 주고받으면서 해 보는 것도 재미있어요. 듣는 친구들도 발표 내용에 흥미를 느끼게 될 거예요! 분위기를 띄울 수 있는 배치를 다 같이 생각해 보고 배치도를 만들어 봅시다!

그룹 발표 분위기를 어떻게 띄워야 할지 잘 모를 때는, 발표 담당인 아이가 앞에 서면 다른 조원은 청자보다도 빠르게 기다렸다는 듯이 손뼉을 쳐 보세요. 발표 담당인 아이를 응원하는 마음의 손뼉을 치면, 발표 자체도 활발해질 겁니다.

모두를 즐겁게 하자

46 선생님의 흉내를 내서 교실을 걸어 보자!

'아침 1분 스피치'. 앞쪽에 앉은 친구들은 잘 들어 주고 질문도 해 주는데, 뒤쪽에 앉은 친구들은 분위기도 가라앉아 있고 별로 질문도 해 주지 않는다. 뒤에 앉은 친구들도 집중해서 듣게 하는 방법이 없을까?

교실 앞과 뒤는 분위기에도 차이가 있지요. 뒷자리는 발표자에게서 떨어져 있으므로 발표자의 목소리가 잘 들리지 않거나, 모습이 보이지 않는 등의 이유로 분위기를 띄우기가 어렵습니다. 이럴 때, 담임 선생님 흉내를 내 보세요. 선생님은 가끔 교실을 돌아다니시면서 친구들에게 말을 걸거나 하지 않나요? 교실이라는 공간을 잘 사용해서 모두의 기운을 띄워 봅시다.

활동 : 교실을 잘 사용하는 방법

선생님이 된 것처럼 교실을 돌아다녀 봅시다. 발표 내용을 고려해서 언제 칠판 앞에서 걸어 나갈지 계획을 세워 봅시다! 누군가에게 질문할 때, 그 사람이 있는 곳까지 가서 인터뷰하듯이 질문하는 것도 가능합니다.

① 선생님은 언제 칠판 앞에서 이동할까? 적어 보자.

② 여러분이 칠판 앞에 없어도 얘기할 수 있는 부분은 어느 부분일까? 최대한 많이 적어 보자.

③ ②의 내용 중, 특히 움직이기 쉬운 부분을 골라 적어 보자.

발표에서 중요한 것은 '교실 전체를 얼마나 장악하는가'입니다. '교실 전체를 쓴다'는 것이 중요한 것이지요. 우선 '발표 장소는 칠판 앞'이라는 고정 관념을 없앱시다. 이 활동을 하면 자기 연출력을 단련할 수 있고, 인상적인 발표를 할 수 있게 됩니다.

CHAPTER 3 응용 편 모두의 반응을 끌어내어 발표 분위기를 띄우자

모두를 즐겁게 하자

47 모두가 알고 있는 화제를 발표에 담아 보자

최근, 현수가 환경 문제를 주제로 한 스피치 대회에서 발표를 했다. 그 발표가 너무 재미있어서 점점 나도 모르게 빠져들었다. 모두 같은 주제로 발표했는데, 어째서 현수의 발표는 특히 재미있었던 걸까?

주제는 같더라도 재미있는 스피치와 그렇지 않은 스피치가 있어요. 스피치를 재미있게 하는 방법 중 하나는 모두가 알고 있는 화제를 넣는 겁니다. 알고 있는 화제라면 청자는 흥미를 느끼기 쉽기 때문이지요. 이 방법을 잘 이용하는 사람이 바로 선생님입니다. 모두가 알고 있는 화제를 끌어와서 수업을 더욱 재미있게 하고 계실 거예요. 여러분도 모두가 알고 있는 화제를 찾아보세요!

활동: 발표 분위기를 띄우는 화제를 발견하는 방법

행사 등의 이벤트나 쉬는 시간에 하는 놀이, 친구와의 일상 대화 등에서 화제를 찾아봅시다. 나도 모르게 "그거 알아!"라고 말하고 싶어지는 화제가 좋겠지요!

① 최근 학교 전체에서 한 행사는?

② 최근 반에서 한 행사나 레크리에이션은?

③ 반에서 유행하는 만화나 애니메이션, TV 방송은?

④ ①~③에서 발표 중에 다룰 수 있을 것 같은 것을 적어 보자.

원 포인트

'공통 인식'을 찾는 것은, 커뮤니케이션의 기본입니다. 발표도 완전히 똑같습니다. 발표자와 청자에게 공통 인식이 많으면 많을수록, 청자는 발표 내용을 이해하기 쉽고 더욱 흥미를 느낄 수 있으므로 집중해서 발표를 들을 수 있습니다.

최고의 청자가 되자

48 미소를 3초 유지하며 발표자를 응원하자

지현이가 도서 위원회에서의 공지 사항을 발표할 때 목소리가 떨렸다. 긴장했던 걸까. 자신 없어 해서, '힘내.'라고 응원하고 싶었지만, 발표 중이었고 어떻게 응원해 주면 좋을지 잘 모르겠다.

친구가 불안한 듯한 얼굴을 하거나 자신 없어 보일 때, 응원해 주고 싶을 때가 있지요. 하지만 마음속으로 '힘내라'라고 열심히 응원해도, 실제론 무표정이라 응원하는 마음이 얼굴에 제대로 나타나지 않을 수도 있습니다. 발표자인 친구에게 '힘내, 응원하고 있어.'라는 마음을 전하기 위해서 미소로 친구의 긴장을 풀어 주도록 해 보아요!

활동 친구의 긴장을 풀어 주는 방법

미소를 짓고 있는 건 의외로 어려워요. 의식하지 않으면 바로 무표정이 돼 버리기 때문이에요. 미소를 3초 동안 유지할 수 있도록 연습해 봅시다.

★ 거울로 미소 유지 체크

① 거울을 준비한다.
② 자신의 얼굴이 보이는 장소에 거울을 두고 좋아하는 TV 방송을 본다.
③ 재미있다면 웃는다.
④ 거울을 보고 자신의 미소를 확인한다.
⑤ 미소를 3초 동안 유지한다.

★ 폭소 → 미소 연습

① 5초 동안 실컷 크게 웃는다.
② 3초 동안 조용하게 미소를 짓는다.
③ 평소의 얼굴로 돌아온다.

원 포인트

좋은 청자를 육성하는 건 좋은 화자를 만드는 것과 일맥상통합니다. 화자는 청자의 반응에 쉽게 영향받기 때문입니다. 또한, 청자로서 반응을 의식하다 보면 일상생활에서도 대화를 잘하는 아이가 될 수 있습니다.

최고의 청자가 되자

49 30도로 끄덕이며 공감을 드러내자

오늘은 1분 스피치에서 가족에 관해 이야기했는데, 모두의 반응이 그다지 좋지 않아서 긴장하고 말았다. 그런데 자리에 돌아오니까 민지가 "완전 재밌었어!"라고 말해 주었다. 어라? 의외로 잘 전달이 된 건가?

청자가 공감하더라도 그것을 겉으로 확실히 내 보이지 않으면 발표자에게는 전달되지 않습니다. 스스로 "응, 응!" 하고 고개를 끄덕였다고 생각했는데 발표자가 보기에는 거의 끄덕이지 않은 것처럼 보일 수도 있습니다. 너무 과장하는 건가 싶을 정도로 반응을 해 주세요. '그거 알아!', '공감돼!'라고 생각이 들 땐 가슴에서 위쪽으로 크게 끄덕여서 발표자에게 공감을 전해 봅시다.

활동: 공감을 상대방에게 전하는 방법

가슴에서 위로 크게 끄덕여 봅시다. 끄덕이는 각도는 30도! 거울 앞에서 연습해 보세요. 30도는 커 보이지만 의외로 그렇지도 않답니다. 하지만 처음에는 크다고 느껴져서 잘 안 될지도 몰라요. 위화감이 없어질 때까지 연습해 봅시다.

★ 끄덕임은 30도   ★ 놀라움도 30도

공감했을 때만이 아니라 "에엣?" 하고 놀랐을 때도 30도를 의식하여 몸을 뒤로 젖혀서 표현하자.

끄덕이는 행위는 가장 간단한 반응 중 하나입니다. "공감했다면 고개를 끄덕이자."라고 아이들에게 말을 해 두면, 발표하기 쉬운 분위기가 만들어집니다. 또한, 반응하는 것을 부끄러워하는 아이도 끄덕이는 정도라면 어렵지 않게 할 수 있으므로 효과가 바로 나타납니다.

최고의 청자가 되자

50 몸을 앞으로 기울여 앉자

현우가 '미래의 꿈'이라는 주제로 스피치를 했는데 정말 좋았다! 그런데, 쉬는 시간에 현우가 나에게 와서 "내 얘기, 재미없었어?"라고 물어보았다. 어라? 왜 그런 걸까?

친구의 발표를 들을 때 여러분은 어떻게 앉아 있나요? 의자 등받이에 등을 기대앉아서 듣진 않았나요? 사실, 사람은 말보다 몸짓이나 표정에서 상대방의 기분을 읽어 냅니다. 청자가 기운 없이 의자 등받이에 기대어 앉아 있으면 화자는 '내 얘기가 재미없는 거 아닐까' 하고 불안해질 거예요. 의자에 앉을 때는 살짝 앞으로 기울여 앉아 보세요!

활동: 발표하기 쉬운 분위기를 만드는 방법

앞으로 기울여 앉아 이야기를 듣는 것은 '네 얘기에 흥미가 있어!'라는 신호예요. 반대로 팔짱을 끼거나, 몸을 옆으로 돌리거나, 머리카락을 손으로 만지는 건 '그 얘기에는 흥미가 없어'라는 신호지요. 평소에 어떻게 듣고 있는지 체크해 봅시다.

★ 좋지 않은 앉는 자세

- 아래를 본다
- 발을 휙휙 흔든다
- 턱을 괸다
- 의자 등받이에 기대앉는다
- 책상에 엎드려 듣는다

★ 좋은 앉은 자세

- 몸을 발표자 쪽을 향한다
- 몸을 앞으로 기울여서 듣는다
- 얼굴을 발표자 쪽을 향한다
- 허리를 펴서 앉는다
- 팔짱을 끼거나 손장난을 하지 않는다

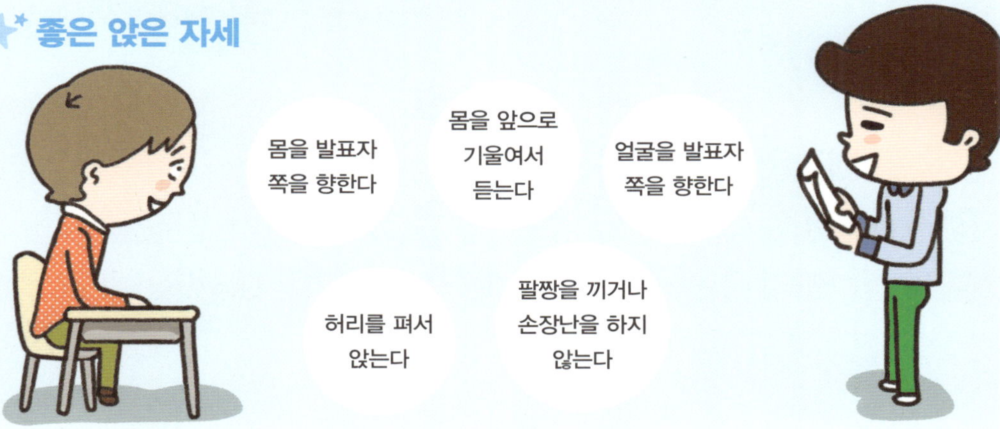

원 포인트: 자세는 무의식적으로 취하는 경향이 있습니다. 악의가 없더라도 발을 휙휙 흔들거나, 두리번두리번하기도 합니다. 아이들에게 "나도 모르게 몸을 쑥 내미는 정도를 상상해서 해 보자."라고 알려 주면, 적극적으로 듣는 자세를 의식합니다.

최고의 청자가 되자

51 다 같이 말을 걸자

오늘은 예지가 1학기 목표를 발표하는 날이었다. 아침부터 많이 긴장하는 것 같았다. 소라가 "예지야, 파이팅!"하고 말을 걸어 주니까 예지의 표정이 밝아졌고, 발표도 대성공! 나도 말을 걸어 주고 싶다.

'이제 발표다……. 긴장돼.' 이럴 때 친구가 "힘내!", "즐기고 와!"라고 말을 걸어 준다면 어떨까요? 정말 기쁘고 용기도 나겠지요! 응원하는 사람도 말을 걸어 줌으로써 '나도 친구의 발표를 잘 들어야지!'라는 마음이 생기고, 발표 중 반응하기도 쉬워질 거예요. 청자가 솔선해서 반응하기 쉬운 분위기를 만드는 것이 중요합니다.

활동: 발표하는 친구를 응원하는 방법

어떤 식으로 말을 걸면 좋을까요? 어떤 말을 듣고 싶나요? 다음 말을 들었다면 어떻게 느낄지 생각해 봅시다!

응원의 말	어떻게 느껴지나?
힘내!	
실패하지 않게 조심해!	
기대할게!	
즐기고 와!	
잘 보고 있을 테니까!	

> 어때? 의외로 압박처럼 느껴지는 말이 있지 않았니? 발표자의 입장이 되어서 응원하는 말을 생각해 보자!

원 포인트: 서로 응원을 함으로써 발표자가 힘을 발휘할 수 있게 됩니다. 단, 응원할 때 말을 잘 골라 하는 것이 중요합니다. 나라면 어떤 말을 들었을 때 힘이 날지를 생각할 수 있도록 해 주세요. 그리고 친구끼리 말을 건네 보고, 어떻게 느꼈는지 서로 확인해 봅니다.

최고의 청자가 되자

52 "예스! 앤드"로 물어보자!

종례 시간에는 '오늘 즐거웠던 일'을 발표하는 시간이 있다. 오늘은 훈이가 점심시간에 했던 축구 이야기를 했는데, 솔직히 말하면 전혀 흥미 없는 이야기라서……. 재미없으니까 그냥 노트에 낙서했다.

친구의 얘기가 재미없던 적이 있을 거예요. 다들 좋아하는 것이나 흥미 있는 것이 다르기 때문에 당연한 겁니다. 하지만 여러분이 발표하는데, 반 친구가 '관심 없어!'라는 얼굴을 하고 있다면 슬프겠지요. 흥미가 없는 얘기라도 우선은 '말을 하는 그 친구'를 '좋아!'(예스!)라고 받아들이고, '얘기 중에 내가 친숙하게 느낄 수 있을 만한 게 없나?'(앤드)라고 적극적으로 생각하면서 들으면 좋을 거예요.

활동: 적극적으로 친구의 이야기를 듣는 방법

흥미가 없더라고 적극적으로 친구의 이야기를 들으면, 모르는 세계를 알게 되는 계기가 될 수 있어요. '흥미가 없으니까 재미없어'가 아니라, '모르니까 알려 줘!'라는 마음으로 들어 봅시다. '의외로 재밌네!'라고 느낄 수 있을 거예요.

★ 흥미가 없는 화제를 적어 보고, 친숙하게 느낄 수 있는 부분을 찾아보자.

흥미 없는 주제 : 프로 야구의 이야기

> 친숙하게 느낄 수 있는 부분 : 그러고 보니, 할아버지가 야구를 좋아한다. 이번에 만나러 가면 얘기해 볼까.

흥미 없는 주제 :

> 친숙하게 느낄 수 있는 부분 :

흥미 없는 주제 :

> 친숙하게 느낄 수 있는 부분 :

'발표하는 친구'를 온전히 '괜찮네!'라고 받아들이는 마음이 중요한 거야!

원 포인트

흥미 없는 것이라도 적극적으로 듣는 습관을 들이면, 지식이 늘고, 그때까지 기회가 없어서 몰랐던 사람과도 이야기해 볼 수 있는 계기가 될 수 있습니다. 자신에게는 상관없다고 생각되는 화제도 언젠가 필요할지도 모른다고 생각하면, 미래에 일하게 됐을 때 도움이 되는 스킬이 될 겁니다.

풍부한 표정으로 매력적인 발표를 하자

긴장하면 얼굴 근육이 굳어서 아무래도 무표정이 되기 쉽습니다. 청자는 이야기의 내용 이상으로 화자의 표정에 집중하고 있어요. 화자가 표정을 풍부하게 말한다면, 청자는 안심하고 좀 더 얘기를 듣고 싶게 될 겁니다.

표정을 풍부하게 하는 트레이닝

❶ 눈을 힘껏 뜬다.
❷ 눈을 꼭 감는다.
❸ 다시 한번 단숨에 힘껏 눈을 뜬다.
❹ ❶~❸을 5회 반복한다.
❺ "음~~" 하고 말하면서 눈과 입을 있는 힘껏 코 쪽으로 모아 얼굴을 구긴다.
❻ "파~~" 하고 말하면서 단숨에 있는 힘껏 눈, 코, 입을 벌린다.
❼ ❺~❻을 5번 반복한다.

웃긴 표정 짓기 트레이닝

❶ 2명이 한 조를 만든다.
❷ "하나~둘!"이라고 말하면서 웃긴 표정을 서로 짓는다.
❸ 5번을 연속으로 웃긴 표정을 짓는다. 단, 5번 모두 다른 표정을 짓는다.

살짝 얼굴에 열이 오르지 않나요? 얼굴의 근육이 풀렸다는 증거입니다. 처음에는 잘 움직이지 않거나 움직임이 작을 수도 있어요. 하지만 꾸준히 하면 조금씩 움직임이 자연스럽게 될 거예요.
또, 사람들 앞에서 표정을 풍부하게 하기 위해서는 부끄러움을 버려야 합니다. 눈싸움에서 이기겠다는 마음으로 웃긴 표정 트레이닝을 해 보세요!
트레이닝을 계속하면 일상생활에서도 표정이 풍부해질 거예요. 표정이 풍부해지면 자신감이 붙어서 긍정적으로 생각할 수 있게 될 거예요. 그러면 주변 사람이 여러분을 매력적인 사람이라고 생각하게 될 것입니다.
얼굴 근육을 힘껏 움직여서 여러분의 인상을 좋게 만들어 보세요!!

후기

이 책을 선택해 주셔서 감사합니다.

일본인은 외국 사람에 비해, 복수의 사람들 앞에서 무언가를 발표하는 것(프레젠테이션)을 어렵다고 느끼는 사람이 많은 것으로 알려져 있습니다. 그리고 이대로 있으면 안 된다고 느끼는 분이 많은 것도 사실입니다.

교육 현장에서도 어린이의 '표현력'과 '말하는 힘'인 '발표력'에 관련된 능력 향상이 중요하다는 인식이 확산하고 있습니다. 하지만 프레젠테이션에 관한 교재는 아직 적어, 학교 선생님들도 고민하며 시행착오를 겪고 있습니다.

저는 원래 배우 일을 하고 있었습니다. 하지만 부상으로 인해 빠른 은퇴를 하고, 그 후 고등학교의 연기 강사로 교육업에 종사하게 되었습니다. 거기서 만난 아이들에게 연기 지도를 하면서, 앞으로 사회에 나갈 사람으로서 최소한 몸에 익혀 둬야 할 발표력이 아이들에게 많이 부족하다는 것을 깨닫게 되었습니다.

그래서 저는 연기 지도를 하면서 아이들의 발표 트레이닝도 시작하게 되었습니다. 처음에 아이들은 좀처럼 얼굴을 들지도 못하고 횡설수설하며 긴장이 청자에게까지 느껴질 정도였지만, 트레이닝을 거듭하면서, 당당하게 그리고 상대방도 즐길 수 있는 발표를 하게 되었습니다.

그 결과, 진로를 정하는 면접 등에서도 지금까지 익힌 발표력이 도움이 되어, 아이들의 미래가 개척되는 것을 직접 목격하였습니다. 그 경험을 통해 저는 연기 지도를 응용한 여러 트레이닝이 아이들의 발표력을 향상시키는 데 효과적이었다는 것을 깨닫고 그것들을 체계화하기로 하였습니다.

발표에서 중요한 것은 발표자의 '인간성'입니다. 아무리 내용이 재미있어도 발표자가 재미없다는 듯이 말하거나, 부끄러워하거나, 너무 긴장하여 즐기지 못한다면, 청자는 그 발표를 재미있다고 느끼지 못할 겁니다.

보통 우리는 발표의 내용과 구성, 보이는 법 같은 것을 신경 쓰는 경향이 있습니다. 하지만 중요한 것은 발표자의 상태입니다. 발표자에게서 전해지는 인상에 따라서 청자의 평가는 좋은 쪽으로도, 나쁜 쪽으로도 변화하는 것입니다. 우선은 발표자가 릴랙스하고, 자신감 넘치게 즐기는 것이 발표를 성공시키기 위한 대전제입니다.

좋은 발표란, 모든 사람이 아나운서처럼 말하는 것이 아닙니다.
한 사람, 한 사람의 개성을 살리는 것이 중요합니다.
그러기 위해서는 먼저 어른부터 쑥스러워하지 않고 시범을 보여 주어야 합니다.
어린이는 어른의 모습을 보고 자랍니다. 어른의 흉내를 내고 싶어 합니다. 잘하지 못해도 괜찮으므로, 어른이 과감히 보여 줌으로써, '나도 과감히 해도 되는구나'라는 안도감을 어린이에게 심어 줄 수 있습니다.
그리고 실수를 두려워하지 않고 도전하는 분위기를 만듭니다. 발표에 자신이 없는 건 실수가 무섭기 때문입니다. 그렇기 때문에, 연습이라도 잘하자는 의식이 생기고, 주저하고 마는 것입니다. 하지만 연습에서 많이 실수하면 할수록 그만큼 개선할 점을 찾을 수 있습니다. 실수한 만큼 더 나은 성공이 기다린다는 것을 먼저 어른이 믿어야 합니다.
그리고 무언가 어린이에게 조언할 때는, 어린이의 발표를 긍정하는 것이 중요합니다. "지금까지 아주 잘했어. 다음에 이렇게 하면 모두 좀 더 잘 들어줄 거야", "사람들 앞에서 제대로 발표하고 대단하다. 그럼 다음엔 원고를 읽지 않고 말해 볼까?" 등, 어린이의 행동에 대해서 승인을 하고, 긍정적인 평가를 합니다. 그리고 다음 도전을 제시함으로써, 어린이들은 각각의 개성을 살리면서 조금씩 레벨 업할 수 있습니다.
청자를 끌어들이는 발표는 하루아침에 할 수 있는 것이 아닙니다. 착실한 연습을 반복해야만 향상시킬 수 있습니다. '긴장을 없애고 싶다'고 생각하지만, 긴장은 없애는 것이 아니라 컨트롤하고 완화하는 것입니다. 시간을 들여 트레이닝을 반복하면 긴장을 컨트롤할 수 있게 됩니다.
처음부터 백 점 만점을 받으려 하지 말고, 한 계단 한 계단 올라가듯이 성장하는 것을 아이들에게도 알려 주세요. 먼저, 즐겁게 놀이 감각으로 연습을 해 주세요. 말하는 사람이 즐거우면 듣는 사람도 즐겁습니다. 어린이들의 발표력이 향상하고, 미래에 본인이 원하는 일과 미래를 손에 넣는 데 도움이 된다면 정말 기쁠 것 같습니다.
마지막으로 이 책을 쓰는 데 협력해 주신 야기 교장 선생님, 보이스 트레이너인 치카, 제가 가르쳤던 모든 아이들, 소중한 가족에게 감사 인사를 보내며 후기를 마치겠습니다.

저자 소개

운노 미호

배우의 뇌™ 트레이너
1987년 니가타현 출신.
일본대학 예술학부 연극학부 졸업.
연극 활동 : 9년
고등학교 연기 강사 : 3년 반
활동 이념 : '연극을 응용하여 세상에
도움이 되자', '모든 초·중·고등학교에
스피치 과목을 창설하자'

초등학교 때는 사람들 앞에서 말하는 것을 극단적으로 어려워해서, 발표 직전이 되면 심장이 극심하게 뛰고, 어떻게 말했는지 내용도 잊어버릴 정도였다. 이때부터 말을 잘하는 친구와 자신의 차이를 철저하게 분석하기 시작했다.

고등학교에 진학하여 연극부에 들어간다. '배우로서 무대에 서기 위한 트레이닝'을 매일 함으로써, 사람들 앞에서 말하는 것에 대한 두려움을 극복한다. 이 경험이 계기가 되어, 연극은 배우만이 아니라 교육이나 의료 복지, 비즈니스에도 도움이 된다는 것을 깨닫고, 일본대학 예술학부에 입학한다.

대학교 졸업 후에도 무대 배우로서 활동했지만, 24살에 부상을 당하며 은퇴하고 예술 고등학교의 연기 강사가 된다. 연극 트레이닝이 어린이의 발표력을 극적으로 향상시킬 수 있는 것을 깨닫게 된다.

차츰 기업가나 선생님인 친구에게 '프레젠테이션이나 발표 지도를 해 주었으면 좋겠다.'라는 의뢰를 받게 되며 트레이닝을 체계화하였다. '배우 뇌™ 트레이닝'으로 경영자·기업가·강사·교사를 위한 스피치 컨설팅을 하는 한편, 초등학교에서의 스피치 강좌나 교직원을 위한 강의 등도 진행하며 교육계에서도 활동의 폭을 넓히고 있다. 배우 뇌™ 트레이닝이란, 무대 연기자가 하는 '사람들 앞에 서기 위한 트레이닝'을 토대로 한 '화자의 매력을 끌어내고 청자의 마음을 사로잡는 스피치 트레이닝'이다. 일반적인 '말하기 기법'이 아닌 '화자의 감정을 움직여 청자의 마음도 움직인다'를 컨셉으로 한 트레이닝이다.

ILLUSTBAN HITOMAEDEHANASU KOTSU KODOMONO HAPPYORYOKUWO NOBASU
52NO WORK by Miho Unno
Copyright © Miho Unno, 2018
All rights reserved.
Original Japanese edition published by GODO-SHUPPAN Co., Ltd.
Korean translation copyright © 2020 by LUDENS MEDIA Publishing Co., Ltd.
This Korean edition published by arrangement with GODO-SHUPPAN Co., Ltd., Tokyo,
through HonnoKizuna, Inc., Tokyo, and Shinwon Agency Co.

이 책의 한국어판 저작권은 Shinwon Agency 를 통해
GODO-SHUPPAN Co., Ltd. 와 독점 계약한 루덴스미디어㈜에 있습니다.
저작권법에 의하여 한국 내에서 보호를 받는 저작물이므로 무단 전재 및 복제를 금합니다.

역자 안수지
어릴 적부터 일본 문화에 관심이 많아 중학생 때 일본어 공부를 시작했다. 동국대학교에서 부전공으로 일어일문학을 이수하였고, 저작권 에이전시와 출판사를 거쳐 현재 프리랜서 번역가로 활동하고 있다.
번역서로는 『농담곰의 여유만만 간단 영어회화』(소미미디어), 『자존감 높이기』, 『마음 다루기』(루덴스미디어)가 있다.

- **장정** 　　모리야 요시아키＋무츠키샤
- **본문 디자인** 　시이하라 유미코(씨오츠디자인)
- **일러스트** 　오브치미호

루덴스미디어

똑똑하게 레벨 업 시리즈 ❻
발표력 키우기

저자 운노 미호
역자 안수지
찍은날 2020년 2월 10일 초판 1쇄
펴낸날 2024년 2월 20일 초판 4쇄
펴낸이 홍재철
디자인 박성영
마케팅 황기철·안소영
펴낸곳 루덴스미디어(주)
주소 경기도 고양시 일산동구 무궁화로 43-55, 604호(장항동, 성우사카르타워)
홈페이지 http://www.ludensmedia.co.kr
전화 031)912-4292 ｜ 팩스 031)912-4294
등록 번호 제 396-3210000251002008000001호
등록 일자 2008년 1월 2일

ISBN 979-11-88406-73-9 74180
ISBN 979-11-88406-33-3 (세트)

결함이 있는 책은 구입하신 곳에서 바꾸어 드립니다.
값은 뒤표지에 있습니다.

이 도서의 국립중앙도서관 출판시도서목록(CIP)은 e-CIP홈페이지
(http://www.nl.go.kr/ecip)에서 이용하실 수 있습니다. (CIP제어번호 : 2020004819)